Dieses Buch ist allen Mahnern und einsamen Rufern gewidmet, denen das Wohlergehen unserer Gesellschaft am Herzen liegt. Jeder kritische Geist ist einsam und gehört zu einer Minderheit. Die Minderheit von heute kann jedoch die Mehrheit von morgen sein.

Dieses Buch ist auch meiner Frau Marlene gewidmet als Dank für ihre kritischen und klugen Ratschläge, die mich in meinem Leben begleitet und mir stets eine gute Ratgeberin ist.

Bonn, im August 2021

Michael Ghanem

... Die Gedanken sind frei ...

Die Grünen

oder

Der Club der Feministinnen

10 Gründe
die Grünen NICHT zu wählen

Verlag und Druck: tredition GmbH, Halenreie 40-44, 22359 Hamburg

ISBN

978-3-347-39368-4 (Paperback)
978-3-347-39369-1 (Hardcover)
978-3-347-39370-7 (e-Book)

Über den Autor: **Michael Ghanem**
https://michael-ghanem.de/
https://die-gedanken-sind-frei.org/

Jahrgang 1949, Studium zum Wirtschaftsingenieur, Studium der Volkswirt-schaft, Soziologie, Politikwissenschaft, Philosophie und Ethik, arbeitete viele Jahre bei einer internationalen Organisation, davon fünf Jahre weltweit in Wasserprojekten, sowie einer europäischen Organisation und in mehreren internationalen Beratungsunternehmen.

Bonn, im August 2021

Er ist Autor von mehreren Werken, u.a.
"Ich denke oft…. an die Rue du Docteur Gustave Rioblanc – Versunkene Insel der Toleranz"

"Ansätze zu einer Antifragilitäts-Ökonomie"
"2005-2018 Deutschlands verlorene 13 Jahre Teil 1: Angela Merkel – Eine Zwischenbilanz"
"2005-2018 Deutschlands verlorene 13 Jahre Teil 2: Politisches System – Quo vadis?"
"2005-2018 Deutschlands verlorene 13 Jahre Teil 3: Gesellschaft - Bilanz und Ausblick
"2005-2018 Deutschlands verlorene 13 Jahre Teil 4: Deutsche Wirtschaft- Quo vadis?"
"2005-2018 Deutschlands verlorene 13 Jahre Teil 5: Innere Sicherheit- Quo vadis?"
"2005-2018 Deutschlands verlorene 13 Jahre Teil 6: Justiz- Quo vadis?"

„2005-2018 Deutschlands verlorene 13 Jahre Teil 7: Gesundheit- Quo vadis? Band A, B, C"

„2005-2018 Deutschlands verlorene 13 Jahre Teil 8: Armut, Alter, Pflege - Quo vadis?"

„2005-2018 Deutschlands verlorene 13 Jahre Teil 9: Bauen und Vermieten in Deutschland - Nein danke"

„2005-2018 Deutschlands verlorene 13 Jahre Teil 10: Bildung in Deutschland"

„2005-2018 Deutschlands verlorene 13 Jahre Teil 11: Der Niedergang der Medien"

„2005-2018 Deutschlands verlorene 13 Jahre Teil 12: Literatur – Quo vadis - Teil A"

„2005-2018 Deutschlands verlorene 13 Jahre Teil 13: Entwicklungspolitik – Quo vadis"

„Eine Chance für die Demokratie"

„Deutsche Identität – Quo vadis?

„Sprüche und Weisheiten"

„Nichtwähler sind auch Wähler"

„AKK – Nein Danke!"

„Afrika zwischen Fluch und Segen Teil 1: Wasser"

„Deutschlands Titanic – Die Berliner Republik"

„Ein kleiner Fürst und eine kleine blaue Sirene"

„21 Tage in einer Klinik voller Narren"

„Im Würgegriff von Bevölkerungsbombe, Armut, Ernährung Teil 1"

„Im Würgegriff von Rassismus, Antisemitismus, Islamophobie, Rechtsradikalismus, Faschismus, Teil 1"

„Im Würgegriff der politischen Parteien, Teil 1"

„Die Macht des Wortes"

"Im Würgegriff des Finanzsektors, Teil 1"

"Im Würgegriff von Migration und Integration"

„Herr vergib ihnen nicht! Denn sie wissen was sie tun!"

„Verfallssymptome Deutschlands – Müssen wir uns das gefallen lassen?"

„Deutsche Identität und Heimat – Quo vadis?

„I know we can! Eine Chance für Deutschland"

„Im Würgegriff der Staatsverschuldung, Teil 1 und Teil 2"

„50 Jahre Leben in Deutschland – Ein Irrtum? Ein Schicksal"

„Eine Straße ohne Seele"

„Ist Deutschland auf Sand gebaut?"

„Leonidas der Große – Ich bin ein Mensch"

„Vier Millionen entrechtete Deutsche"
„Der Teich des Teufels – ein Märchen"
„Die heutigen Reiter der Apokalypse"
„Die Deutschen – ein verfluchtes Volk?
„Krisen in Zeiten von Corona, Teil 1"
„Thesen zur Gleichheit der Rassen"
„Die Sage vom Haus am See"
„2005 – 2021 Deutschlands verlorene 16 Jahre – Die Bilanz der Angela Merkel"
„Corona 2021 – Warten auf Godot"
„Wenn ich einmal der Herrgott wär"
„Liebe heißt"
"Die Zeit -eine verkannte Weltmacht" Band 1 der Reihe Mensch & Gesellschaft"
„Weltmacht Wasser - Teil 1: Überblick und Bilanz 2021"
„Nur Mut – Steh auf"
„Danke Herr Lehrer und leben Sie Wohl"

Inhaltsverzeichnis

1. Vorwort

Mit der Beendigung der Ära von Angela Merkel und durch den Schaden, den sie über 16 Jahre lang Deutschland durch ihr Nichts Tun und ihre Politik der ruhigen Hand zugefügt hat, steht Deutschland am 26. September 2021 vor einer grundsätzlichen Entscheidung. Es stellt sich die Frage welche Partei als Regierungspartei zu wählen ist.

Gleichzeitig ist seit Mai 2021 ein Hype um die Grünen und ihre Kanzlerkandidatin Annalena Baerbock zu beobachten, eine kaum bekannte Politikerin, die noch nie ein Amt bekleidet hat, die plötzlich von den Frauen in der Partei und in verschiedenen Medien unterstützt worden ist, die die grüne Zeit beherrschen.

Nicht der charakterlich, fachlich und politisch geeignete Kandidat oder Kandidatin wurde gewählt, sondern eine angeblich bessere Kandidatin. Dieser Hype wurde insbesondere durch den mangelhaften Journalismus der linken seriösen Medien angetrieben. Sie hievten eine Kandidatin auf den Thron, die sie nicht kannten und über die sie nichts wussten. Im Nachhinein wurde offenbar, mit welchen Problemen die Person Baerbock behaftet ist.

Und dies sind keine Lappalien und dies sind auch keine Versehen, auch wenn die Grünen dies ständig zur Beschwichtigung behaupten. Die Frau hat ihren Lebenslauf verfälscht, sie hat zudem die Grundsätze des Bundestags missachtet und missbraucht. Sie hat Texte von mehreren Autoren als Plagiate verwendet und als ihre eigene geistige Leistung ausgegeben, d.h. nichts anderes als geistigen Diebstahl begangen. Sie hat in diesem Zusammenhang pauschal alle Autoren beschuldigt das gleiche zu machen. Sie hat sich selbst aus der Kasse der Grünen bedient, ohne Meldung an den Bundestag zu machen.

Und von Fettnäpfchen zu Fettnäpfchen wurde sie ständig auffälliger. Allein dieses hätte dazu führen müssen, dass die Grünen einen anderen Kandidaten oder Kandidatin auswählen.

Es kommt jedoch hinzu, dass das Wahlprogramm, das die Grünen dem Volk zur Entscheidung vorlegen, in erheblichem Maß problematisch ist.

Es zeichnet sich zusammenfassend durch drei wesentliche Schwächen aus: Bevormundung, Verbote und finanzielle Ausblutung.

In diesem Buch wird dargelegt, dass die Grünen auf dem Weg zu einer feministischen Partei sind. Das sollten Sie dann aber gleich sagen.

In dem vorliegenden Buch werden alle Punkte des grünen Wahlprogramms und die Person Baerbock betrachtet. Die Wahl eines Kanzlerkandidaten oder -kandidatin basiert auf den zwei Kriterien: der Person und ihrer Glaubwürdigkeit - die im Übrigen bei Annalena Baerbock nicht vorhanden ist - und dem Programm, das zum größten Teil bekannt ist. Das Buch wird zeigen, dass auch die selbst zugeschriebene Kompetenz der Grünen, nämlich die Umwelt, mehr aus einer Verpackung denn aus belastbarem Inhalt besteht und dass das Gesamtprogramm nicht durchdacht ist und auch wesentliche Risiken der Umsetzung nicht überprüft wurden.

Vor diesem Hintergrund sind die Grünen unter Baerbock für den Autor nicht wählbar und gefährlich für die Zukunft Deutschlands.

Der Autor versichert, dass er nicht auf seine beruflichen Kenntnisse zugegriffen hat, sondern lediglich auf öffentlich zugängliche Quellen.

2. Die Grünen auf dem Weg zu einer feministischen Partei

Der Autor verfolgt die deutsche Politik seit 1966 und er gehört zu der sogenannten Generation der 1968. Er war selbst während des Wahlkampfs 1969 noch für die sozialliberale Koalition als Wahlhelfer aktiv. Er hat selbst fast 10 Jahre lang der SPD angehört und war stets kritisch gegenüber der CDU/CSU. Er hat noch die Gründung der Grünen und ihre ersten Schritte in der politischen Demokratie miterlebt. Dies vorab zur Einbettung des Autors.

Der Autor hat die Entwicklung der Grünen seit 2005 bis heute kritisch begleitet und wundert sich über die Entwicklung innerhalb der Partei. Er wundert sich, dass diese Partei immer mehr von Frauen beherrscht wird, deren Ämter lediglich durch Proporz bestimmt werden und nicht durch ihre Leistung und Qualität. Manche der kritischen Soziologen sind sogar der Meinung, dass die Grünen sich zu einem sogenannten feministischen Club entwickeln.

Wenn Annalena Baerbock sich am Wochenende des 24. bis zum 26.6.21 in die Aussage versteift, dass das Grundgesetz den Frauen, weil sie Frauen sind, größere Vorrechte einräumt als den Männern, so muss man sich fragen, in welchen Paragraphen des Grundgesetzes dies festgelegt ist. In seiner Publikation „Tischys Einblicke" wundert sich der Journalist und fragt ungläubig, ob dies tatsächlich die Meinung der Baerbock wäre.

Fakt ist, dass die Ernennung von Baerbock zur Kanzlerkandidatin entgegen aller Gepflogenheiten bis heute nicht transparent ist und den Geruch einer Ernennung im Hinterzimmer hat. Betrachtet man die Entwicklung hin zu solchen Entscheidungen genau, so muss man sich nicht wundern. Seit Jahren findet bei den Grünen eine Entwicklung zur Förderung von Frauen statt, nur weil sie Frauen sind und nicht aufgrund ihrer Qualifikationen oder Qualitäten. Alle diese Frauen mögen möglicherweise Qualifikationen und Qualitäten haben, aber der Proporz verhindert jegliche Objektivität bei der Entscheidung über die Führung der Grünen. Verfolgt man die Bundestagsdebatten der letzten Jahre so muss man feststellen, dass über 80 % der Wortmeldungen der Grünen durch Frauen gestellt werden. Betrachtet man die Präsenz der Grünen in der politischen Arena so stellt man fest, dass in zunehmendem Maß die Aufgaben von Frauen wahrgenommen werden. Dabei gibt es genug Männer bei den Grünen, die das auch machen könnten.

Betrachtet man die ausgesprochene Förderung von Frauen bei den Grünen und für die Grünen, so muss man feststellen, dass mit Selbstverständlichkeit angenommen wird, dass nicht die Qualität und Qualifikation, sondern letztendlich das Geschlecht und die sexuelle Orientierung die maßgebende Grundlage bei Personalentscheidung darstellen.

Daraus ergibt sich, dass immer mehr Teilnehmer in der politischen Arena die Wahrnehmung hinsichtlich der Entwicklung der Grünen zu einem rein feministischen Club äußern.

Zu beobachten ist aber auch, dass die Mehrzahl dieser Frauen mit dem Anspruch auftritt, die absolute Wahrheit zu besitzen und vor allem die Alternativlosigkeit hinsichtlich ihrer Lösungsansätze betonen. Hinzu kommt, dass die Grünen sich immer mehr zu einer Verbots- Partei entwickelt, zugespitzt gesagt unter der Führung von Matronen.

Betrachtet man die Männer, die in den letzten 30 Jahren die Grünen geprägt haben, seien es Fischer, Özdemir u.a. so muss man feststellen, dass die Generation der charismatischen Männer ausgestorben ist und diejenigen, die noch in der Partei sind, letztendlich ans hintere Ende der Partei gedrückt wurden, wie am Beispiel von Özdemir zu sehen ist.

3. Wen vertreten die Grünen?

Betrachtet man die langfristige Entwicklung der Wählerschaft bei den Grünen, so muss festgestellt werden, dass in den Anfangsjahren bis zu 80 % der Wähler unter 35 Jahre alt waren. Heute muss man damit rechnen, dass es zwischen 10 und 15 % sind. Auch die soziale Zusammensetzung hat sich gewandelt, denn heute hat der größte Teil der Wähler überdurchschnittlich hohe Einkommen und ist vornehmlich im Dienstleistungs- und Bildungsbereich tätig. Mit anderen Worten sind es überwiegend Lehrer, Juristen und sonstige Mitarbeiter im öffentlichen Dienst.

In den neuen Ländern schneiden sie trotz allgemeiner Aufwärtstendenz seit Mitte der 2000er Jahre bei allen Bundestagswahlen meist knapp unter 4% der Stimmen ab und selbst in Landtagswahlen liegen sie auch im unteren Bereich. Jedoch muss festgestellt werden, dass sie bei den Wahlen in Bayern 2018, in Hessen 2018, in Hamburg 2020 und in der Europawahl 2019 erstmals zur zweitstärksten Kraft avanciert sind. Vergleicht man die heutige Wählerschaft der Grünen mit der Wählerschaft zur Zeit ihrer Entstehung, so ist der Altersanstieg bei vielen Wählern der Partei darauf zurückzuführen, dass diese die Partei bei ihrer Entstehung unterstützt haben und ihr auch später die Treue hielten.

Infolge des Generationeneffekts hat sich die grüne Wählerschaft in der sozialen Zusammensetzung stark verändert. Die jungen Wähler aus den achtziger Jahren sind heute beruflich, familiär und gesellschaftlich arriviert und damit „verbürgerlicht". Das ist daran ablesbar, dass ihre Wähler über höhere Bildungsabschlüsse verfügen und auch höhere Einkommen haben, vornehmlich im Dienstleistungs- und Bildungsbereich. Damit verbunden ist, dass die Arbeiterschaft sowie die Beschäftigten in der Produktion und die Wähler in niedrigen sozialen Schichten die Grünen meiden. Hinzu kommt, dass die Grünen häufiger von Frauen gewählt werden als von Männern. Die Geschlechterlücke, die sich im Osten genauso zeigt wie im Westen, ist in den letzten Bundestagswahlen 2009, 2013, 2017 sogar größer geworden. Darin spiegelt sich nach Ansicht von Sozialwissenschaftlern die feministische Ausrichtung der

Partei, die sich den Kampf für die Gleichberechtigung von Anfang an auf die Fahne geschrieben hat.

Stimmenanteil der Grünen bei den jeweiligen Landtagswahlen in den Bundesländern bis 2021:

Bundesland	Wahljahr	Stimmen in%
B-W	2021	32,6
Rheinland-Pfalz	2021	9,3
Hamburg	2020	24,2
Thüringen	2019	5,2
Brandenburg	2019	10,8
Sachsen	2019	8,6
Bremen	2019	17,4
Hessen	2018	19,8
Bayern	2018	17,5
Niedersachsen	2017	8,7
NRW	2017	6,4
Schleswig-Holstein	2017	12,9
Saarland	2017	4
Berlin	2016	15,2
MVP	2016	4,8
Sachsen-Anhalt	2016	5,2

Quelle: Bundeszentrale für politische Bildung. Creative Commons Lizenz "CC BY-NC-ND 3.0 DE - Namensnennung - Nicht-kommerziell - Keine Bearbeitung 3.0 Deutschland" veröffentlicht. Autor/-in: Frank Decker für bpb.de

Wen vertreten die Grünen nicht?

Die Grünen vertreten kaum die Teile der Bevölkerung mit Volks- und Hauptschul-Abschluss.

Nur eine kleine Minderheit von 1-3 % der Unternehmer wählen die Grünen. D. h. 97-99 % dieser Gruppe wählen die Grünen nicht.

Nur 1-3 % der Handwerker wählen die Grünen D. h. 97-99 % dieser Gruppe wählen die Grünen nicht.

Nur 3-4 % der Unternehmer wählen Grünen D. h. 96-97 % dieser Gruppe wählen die Grünen nicht.

Nur 1-2 % der Forscher wählen Grünen D. h. 98-99 % dieser Gruppe wählen die Grünen nicht.

90 % der Männer wählen nicht die Grünen.

Fazit:

In den Großstädten und Metropolen und vor allem in Städten mit mehr als 500.000 Einwohner fühlen sich 18 % der Wähler den Grünen zugetan. Beispielhaft dafür steht die Wahl in Berlin, in der Renate Künast als 2. Landeschefin der Grünen gewählt worden ist, oder in München, wo die Grünen bei der letzten Bundestagswahl 17,5 % erreicht haben. Die Parteitreue ist bei den Anhängern der Grünen relativ hoch, denn die Anhänger der 1. Stunde halten der Partei auch nach 30 Jahren immer noch die Treue. Festzuhalten ist jedoch, dass der Anteil der vor 1950 geborenen zurückgeht. Die Grünen rekrutieren ihre Anhänger fast ausschließlich unter Menschen mit Abitur.

Die früheren Abiturienten haben ihren beruflichen Weg gemacht und haben einen relativ gut bezahlten Job. Hier gab es eine Verschiebung, denn in der Gründungszeit der Grünen lag der Anteil der Anhänger mit geringem Einkommen bei 20 %. Heute liegt dieser unter 2 %. Demgegenüber ist der höchste Anteil der grünen Wähler bei Personen mit höchsten Einkommen anzutreffen. Dies kann eine Gefahr für CDU und FDP sein, denn der Anteil der Beamten, vor allem Lehrern, Selbständigen und Angestellten ist hoch. Arbeiter und Arbeitslose und Ingenieure und Techniker unterstützen die Partei dagegen kaum. Der Anteil der Frauen, die die Partei unterstützen, liegt immerhin zwischen 13 und 15 %, der Anteil der Männer liegt unter 10 %.

4. Sind sie wirkliche eine andere Partei?

Wer glaubt, dass die Grünen eine besondere Partei ist, der irrt sich. Die Verpackung der Grünen mit einer Hypermoral und dem Anspruch, die alleinige Lösung zu haben, ist nicht anders als bei den anderen Parteien. Es geht im Grunde darum: wir sind die Guten und die anderen die Schlechten. Die Grünen verpacken das mit einer angeblichen Moral und der Verbindung zur Bewahrung der Natur und der Menschen. Diesem Anspruch waren sie noch nie gerecht. Ihr Anspruch, keine Kriege führen zu müssen, wurde während der ersten Regierungsperiode der Sozialdemokraten und der Grünen ad absurdum geführt.

Festzuhalten ist jedoch, dass sie seit 16 Jahren gegenüber der CDU kein adäquates Angebot hatten, um mitregieren zu können. In den letzten 16 Jahren fanden zudem ständig interne Machtkämpfe zwischen Männern und Frauen und zwischen den Realos und den Fundis statt. Diese Auseinandersetzungen sind heute unter einem scheinbaren Frieden zwischen den verschiedenen Gruppen lediglich versteckt, was dazu dient die Macht zu erlangen. Insoweit sind sie auch nicht anders als andere Parteien.

Festzuhalten ist jedoch, dass - verursacht durch eine angebliche Sehnsucht nach Gleichberechtigung zwischen Mann und Frau - ein Proporz in der Parteistruktur eingezogen ist, der zu keinem Zeitpunkt die Qualität und Qualifikation der Betroffenen berücksichtigt. Die Entwicklung der Grünen in den letzten 16 Jahren ist erstaunlich. Charismatische und qualifizierte Männer wurden an den Rand gedrängt und eine „Mafia" der Frauen hat sich etabliert. Mit anderen Worten: die Partei und vor allem die Parteiführung wurde allmählich zu einer Partei der Feministinnen.

Es kommt hinzu, dass aus der Geschichte der Grünen Tabuthemen wie Sex zwischen Erwachsenen und Kindern immer noch nicht geklärt ist, was dazu führt, dass der schwarze Fleck der Pädophilie immer noch über den Grünen liegt. Es ist erstaunlich, dass bei Auftritten im Bundestag, vor der Presse und bei den sogenannten politischen Diskussionen sehr oft Frauen erscheinen und nicht die Männer. Es kommt auch hinzu,

*dass die Grünen sehr oft keine klare Distanz zu den Linken und soge-
nannten Tabuthemen haben, wie der Problematik von Enteignungen
oder der Problematik im Kampf gegen Einfamilienhäuschen in den
Städten.*

*Es kommt auch hinzu, dass die Qualifikation und Qualität der handeln-
den Führungskräfte erheblich in den letzten Jahren abgenommen bzw.
dass sich eine Art von Doppelmoral eingeschlichen haben. Insbesondere
wenn es um die Kritik an anderen Parteien geht. Und dabei ist die Haltung der grünen Partei selbst sehr oft dubios. Es bleibt dabei: die Grünen
versuchen sich durch pseudo-alleinstehende Merkmale hervorzuheben,
die sie nicht haben. Hinsichtlich der Ethik sind die Grünen nicht besser
als jede andere Durchschnittspartei. Manche in der Führung, insbesondere Göring-Eckardt, kritisieren verschiedene politische Entwicklungen, die sie selbst vorangetrieben haben. Insbesondere wird Hartz IV
heute kritisiert - dabei war sie persönlich eine der treibenden Kräfte zur
Einführung von Hartz IV. Dies ist lediglich eines der Beispiele für die
Doppelmoral. Als weiteres Beispiel für Doppelmoral gilt, dass die Grünen sich rühmen, niemals in Kriegen beteiligt zu sein. Dabei haben sie
sich in Kosovo und in Afghanistan ganz genau wie alle anderen Parteien
verhalten. Und wenn sie sich heute plötzlich mit Umweltthemen befas-
sen, so fragt sich immer: was haben sie in den letzten 16 Jahren gemacht?*

5. Das Wahlprogramm - eine kritische Würdigung

Wahlprogramm der Grünen: Baerbock und Habeck

„Klimaschutz, Wirtschaft, Soziales, Bildung, Verwaltung – unser Land braucht eine Politik, die den Herausforderungen der Wirklichkeit gewachsen ist.

„Wir legen das Programm in einer Zeit vor, in der eine politische Ära zu Ende geht und eine neue beginnen kann", eröffnete Robert Habeck die Vorstellung des grünen Programmentwurfs zur Bundestagswahl am 26. September. Dies geschehe in einer zerbrechlichen, schwierigen politischen Phase. Zwar seien so viele Menschen in der Pandemie über sich hinausgewachsen und hätten Solidarität, Innovationskraft und Widerstandsfähigkeit bewiesen, doch die Regierungsparteien würden erlahmt und müde wirken.

Impfstoffprobleme, zu wenige Tests und eine fehlende Strategie in der Bekämpfung der Corona-Pandemie würden einmal mehr zeigen, dass reaktive Politik allenfalls das Schlimmste verhindere. Aber es gehe darum, das Beste zu ermöglichen. Habeck: „Wir legen mit diesem Bundestagswahlprogramm eine Vitaminspritze für dieses Land vor. Wir wollen einen Aufschwung schaffen, der über das rein Ökonomische hinausgeht. Einen Aufschwung, der das ganze gesellschaftliche Leben in seiner Stärke und Vielfalt erfasst: Bildung und Kultur, Arbeit und Digitalisierung, Spitzenforschung und Wissenschaft."

"Wir legen mit diesem Bundestagswahlprogramm eine Vitaminspritze für dieses Land vor." *— Robert Habeck*

Der Titel des Programmentwurfs „Deutschland. Alles ist drin." spiegele die Gewissheit wider, dass in diesem Land alles stecke, was wir brauchen, um die Krisen und Herausforderungen der Gegenwart zu bewältigen. Annalena Baerbock: „Deutschland kann so viel mehr. Diese Dekade kann ein Jahrzehnt des mutigen Machens und des Gelingens werden. Ein Jahrzehnt des Modernisierens."

Die globalen Krisen dieser Zeit – zuallererst die Klimakrise als wahre Menschheitskrise – würden in unser aller Leben hineinwirken und Freiheit, Sicherheit und Wohlstand gefährden. Daher sei es jetzt an der Zeit, dass die Politik endlich über sich hinauswachse, so Baerbock. Gute Arbeit und faire Löhne, eine gute Infrastruktur, gute Schulen und eine gute Gesundheitsversorgung seien zentral, um ein gutes Leben zu ermöglichen. Genauso Forschung, ein Schub bei der Digitalisierung und beim Klimaschutz. Baerbock: „Wir leiten eine Phase der dringend benötigten Zukunftsinvestitionen ein und schaffen klimagerechten Wohlstand für alle."

"Deutschland kann so viel mehr. Diese Dekade kann ein Jahrzehnt des mutigen Machens und des Gelingens werden." — *Annalena Baerbock*

Der grüne Programmentwurf mache ein umfassendes Angebot an die Breite der Gesellschaft. Mit konkreten und ehrgeizigen Projekten, die fundierte Antworten in allen Politikbereichen geben würden. Es gehe darum, das angestaubte Verständnis von Macht aufzubrechen und als Team gemeinsam mit der Gesellschaft in einem starken Europa die vor uns liegenden Aufgaben anzugehen.

Quelle: https://cms.gruene.de/uploads/documents/Wahlprogramm-DIE-GRUENEN-Bundestagswahl-2021_barrierefrei.pdf

Kapitel 1: Lebensgrundlagen schützen

Wir schaffen klimagerechten Wohlstand

Mehr Lebensqualität durch Klimaneutralität
Der Weg in die Klimaneutralität bietet riesige Chancen auf mehr Lebensqualität: Städte mit weniger Staus und Abgasen. Dörfer, die endlich angebunden sind an den öffentlichen Nahverkehr. Gesundes Essen, hergestellt unter Wahrung von Tier- und Umweltschutz. Wir machen die Bahn und den ÖPNV fit für dieses Jahrhundert. Wir sorgen für den Erhalt unserer wertvollen Wälder, Moore und Flüsse. Und wir begründen einen Gesellschaftsvertrag zwischen Politik, Landwirt*innen und Verbraucher*innen.

Die Energierevolution: Erneuerbar heizen, wohnen, wirtschaften
Klimaneutralität heißt raus aus den fossilen Energien. Nicht nur der Strom, auch das Benzin in unseren Autos, das Kerosin im Flugzeugtank, das Öl für die Heizung und das Gas im Industriebetrieb müssen auf erneuerbare Energien umgestellt werden. Dazu braucht es eine massive Ausbauoffensive für die Erneuerbaren. Daran hängt die Zukunft unseres Industriestandortes und unsere Versorgungssicherheit. Mit einer umfassenden Steuer- und Abgabenreform wollen wir dafür sorgen, dass Strom zu wettbewerbsfähigen Preisen vorhanden ist.

Einen Ordnungsrahmen für eine sozial-ökologische Marktwirtschaft

Wir müssen unsere Wirtschaft auf die Ziele der Klimaneutralität ausrichten und eine Kreislaufwirtschaft etablieren. Den wirtschaftlichen Aufbruch nach der Corona-Krise und die ökologische Modernisierung wollen wir zusammenbringen. Wir wollen mit ehrgeizigen Vorgaben in Form von Grenzwerten, CO2-Reduktionszielen und Produktstandards der deutschen und europäischen Wirtschaft Planungssicherheit geben und Impulse für neue Investitionen setzen. Forschung und Innovationen für klimagerechtes Wirtschaften wollen wir stärker fördern.

Grüne Digitalisierung

Ob vernetzte Fahrzeuge, effiziente Industrie, punktgenaue Verteilung regenerativer Energie oder intelligente Bewässerung auf Feldern: Mit digitalen und datengetriebenen Innovationen können wir den Energie- und Ressourcenverbrauch reduzieren und bei Zukunftstechnologien führend werden. Bei IT-Beschaffungen des Bundes müssen Herstellerabhängigkeit, Folgebeschaffung, technische Offenheit, Reparaturfähigkeit und Nachhaltigkeit zwingend in die Bewertungen einfließen und Zertifizierungen wie Blauer Engel für IT-Produkte zum Standard werden.

Neue Arbeitsplätze mit guten Bedingungen

Eine ambitionierte Klimaschutzpolitik und der klimaneutrale Umbau der Wirtschaft sind die beste Chance, um bestehende Arbeitsplätze in Deutschland zu erhalten und neue zu schaffen. Die ökologische Modernisierung stärkt die Wettbewerbsfähigkeit der hiesigen Unternehmen und kann zu einer Renaissance von Industriearbeitsplätzen führen. Green Jobs entstehen im Handwerk und der Bauwirtschaft, in neuen Industriebereichen und der Kreislaufwirtschaft, in der Batteriezellenproduktion und der Wasserstoffindustrie sowie in neuen Dienstleistungsfeldern.

Sicher im Wandel mit einem Qualifizierungs-Kurzarbeitergeld

Wir sehen es als unsere Verpflichtung, Unternehmen und ihre Beschäftigten auf dem Weg hin zu einem klimaneutralen Wirtschaftssystem zu unterstützen. Gerade dort, wo sich Jobprofile grundlegend verändern oder Arbeitsplätze verloren gehen. Dazu wollen wir ein Recht auf Weiterbildung einführen und mit einem Weiterbildungsgeld für Erwerbstätige in Qualifizierungsphasen eine soziale Absicherung schaffen. Mit einem Qualifizierungs-

Kurzarbeitergeld ermöglichen wir Unternehmen, ihre Beschäftigten im Betrieb zu halten und nachhaltig zu qualifizieren.

Transformationsfonds für die Regionen

Um gerade industriell geprägte Regionen und die dort ansässigen kleinen und mittleren Unternehmen zu unterstützen, wollen wir regionale Transformationsfonds auflegen. Die Förderung richtet sich an Unternehmen, die aus eigener Kraft den ökologischen Strukturwandel nicht bewältigen können. Regionale Akteure aus Wissenschaft, Politik, Wirtschaft und Gewerkschaften sollen gemeinsam an Lösungen für Herausforderungen vor Ort arbeiten und forschen. Dafür wollen wir neue Formate wie Reallabore und Experimentierräume fördern.

Klimaschutz-Sofortprogramm auflegen

Zentrale Grundlagen unserer Politik sind das Klimaabkommen von Paris sowie der Bericht des Weltklimarates zum 1,5-Grad-Limit. Es ist notwendig, auf den 1,5-Grad-Pfad zu kommen. Wir werden ein Klimaschutz-Sofortprogramm auf den Weg bringen, das in allen Sektoren sofort wirksame Maßnahmen anstößt. Außerdem werden wir das deutsche Klimaziel 2030 auf mindestens -70 Prozent anheben. Nur so kann es gelingen, dass wir Europäer*innen deutlich vor Mitte des Jahrhunderts klimaneutral werden.

Klimagerechtes Wirtschaften belohnen

Effektiver und sozial gerechter Klimaschutz muss sich auch ökonomisch lohnen. Das wollen wir durch einen klugen Mix aus CO_2-Preisen, Anreizen und Förderung sowie Ordnungsrecht ändern. Wir sehen in der CO_2-Bepreisung ein Instrument von vielen, das wir wirksam und sozial gerecht einsetzen wollen. Das Europäische Emissionshandelssystem (ETS) ist im Lichte des neuen EU-Klimaziels für 2030 zu reformieren. Wir wollen die Erhöhung des CO_2-Preises für die Bereiche Verkehr und Wärme von 2025 auf 2023 vorziehen und auf 60 Euro erhöhen. Danach soll der CO_2-Preis weiter ansteigen.

Energiegeld einführen

Damit Klimaschutz sozial gerecht ist, wollen wir die Einnahmen aus dem CO_2-Preis direkt an die Bürger*innen zurückgeben. Dazu streben wir neben der Senkung der EEG-Umlage ein Energiegeld ein, das jede*r Bürger*in erhält. So kann man mit Klimaschutz Geld verdienen und es findet ein sozialer Ausgleich im System statt. So werden Geringverdiener*innen und Familien entlastet.

Bezieher*innen von Transferleistungen profitieren ebenfalls, da das Energiegeld nicht auf die Grundsicherung angerechnet werden soll.

CO2-Bremse für alle Gesetze

Wir wollen Klimaschutz systematisch in unserer Rechtsordnung aufnehmen. Die Vorgaben des Pariser Klimavertrages wollen wir im Grundgesetz verankern und dem Staat mehr Möglichkeiten geben, durch eine intelligente Steuergesetzgebung klimaschonendes Verhalten zu belohnen und die fossilen Energieträger den wahren Preis zahlen zu lassen. Mit einer CO2-Bremse machen wir Klimaschutz zur Querschnittsaufgabe, indem wir Gesetze an ihrer Vereinbarkeit mit den nationalen Klimaschutzzielen messen und ihre Klimawirkung entsprechend prüfen.

Wir schaffen Versorgungssicherheit mit Erneuerbaren

Schneller raus aus der Kohle

Wir setzen uns dafür ein, den Kohleausstieg bis 2030 zu vollenden. Um nicht erneut den Kohlekonzernen Milliarden an Steuergeldern zu schenken, wollen wir die massiven Klimaschäden der Kohleverstromung einpreisen. Das ist am sinnvollsten über den EU-Emissionshandel zu regeln. Ein beschleunigter Kohleausstieg bedarf im Sinne der Versorgungssicherheit eines massiven Ausbaus der erneuerbaren Energien. Niemand soll mehr für einen Tagebau sein Zuhause verlassen müssen.

Auf jedes neue Dach eine Solaranlage

Wir wollen eine Energiewende, bei der alle mitmachen können – Mieter*innen wie Hausbesitzer*innen. Unsere Dächer können zu Kraftwerken werden – jedes Dach mit Solaranlage hilft dem Klimaschutz. Die eigene Strom- und Wärmeenergie wird dezentral und vor Ort erzeugt und genutzt. Unser Ziel sind 1 Million neue Solardächer in den kommenden vier Jahren. Deshalb werden wir Solardächer fördern und zum Standard machen.

Photovoltaik in die Fläche bringen

Die Photovoltaik wollen wir nicht nur auf die Dächer, sondern auch in die Fläche bringen. Neue Flächenkonkurrenzen wollen wir dabei vermeiden. Der Ausbau soll neben Autobahnen und Schienen auf versiegelten Flächen erfolgen. Landwirtschaftsbetriebe sollen für ökologische Leistungen Geld erhalten und so zusätzliche Erträge erzielen. Wichtig ist die Möglichkeit, langfristige Stromlieferverträge abschließen zu können. Bei der Planung gilt es, die

Bürger*innen frühzeitig zu beteiligen. Von den Erlösen müssen die Kommunen profitieren.

Mit Windenergieausbau den Wirtschaftsstandort Deutschland sichern
Auch beim Ausbau der Windkraft müssen wir schneller vorankommen. Unser Ziel ist ein jährlicher Zubau von 5 bis 6 Gigawatt (GW) Wind an Land, bei Wind auf See wollen wir 35 GW bis 2035 erreichen. Beim Windausbau gilt es, den Konflikt mit Natur- und Artenschutz zu minimieren, Anwohner*innen zu schützen und die Verfahren zur Genehmigung zu beschleunigen. Repowering wollen wir erleichtern, so dass alte Windenergieanlagen am gleichen Standort zügig durch leistungsstärkere ersetzt werden können. Wir bauen unsere Offshore-Parks weiter aus und vernetzen sie in der Europäischen Energieunion.

Unsere Energieinfrastruktur klimaneutral machen
Die Planung unserer Infrastruktur für Strom, Wärme und Wasserstoff braucht ein Update und muss Klimaneutralität in den Mittelpunkt stellen. Neue Gaskraftwerke oder Infrastrukturen, die wir für den Kohleausstieg brauchen, darf es deshalb nur geben, wenn sie bereits Wasserstoff-Ready geplant und gebaut werden. Neue Erdgas-Pipelines zementieren Abhängigkeiten von klimaschädlichen Ressourcen und konterkarieren die Energiewende. Sie sollten daher – im konkreten Fall von Nord Stream 2 – auch aus geopolitischen Gründen gestoppt werden. Damit stärken wir unsere energiepolitische Souveränität.

Eine Grüne Wasserstoffstrategie
Wasserstoff aus erneuerbaren Energien ist zentral für eine klimaneutrale Welt. Mit einer klaren Priorisierung und einem umfassenden Förderprogramm werden wir die Kapazitäten zur Wasserstoffherstellung in Deutschland schaffen. Die Infrastruktur für Wasserstoff-Importe müssen wir jetzt etablieren. Wir werden faire Kooperationen mit wind- und sonnenreichen Ländern anstoßen und ausbauen, um zusätzlich Wasserstoff zu importieren. Damit Wasserstoff zur Klimaneutralität beiträgt, muss er aus erneuerbaren Energien hergestellt werden.

Einen Markt für Ökostrom schaffen
Wir brauchen ein Energiemarktdesign, das Ökostrom in den Mittelpunkt rückt. Unser Ziel ist, dass erneuerbarer Strom künftig stärker marktgetrieben und systemdienlich vergütet wird. Das wollen wir in drei Schritten erreichen: In einem ersten Schritt werden wir dafür sorgen, dass auch außerhalb des EEG langfristige Lieferverträge zwischen Ökostromerzeugern und

Verbraucher*innen geschlossen werden können. In einem zweiten Schritt geht es darum, die zur Verfügung gestellte Leistung zu entlohnen. Wenn bei fossilen Energien die CO2-Kosten stärker eingepreist und neue Instrumente etwa für Refinanzierung und Mietermodelle geschaffen sind, kann in einem dritten Schritt die EEG-Umlage für Neuanlangen auslaufen.

Die Bürger*innen an der Energiewende beteiligen

Wir wollen, dass von der Energiewende möglichst viele profitieren. Deshalb werden wir Bürger*innen-Projekte bei Wind- und Solarparks besonders fördern und die Kommunen verbindlich an den Einnahmen aus den Erneuerbaren Anlagen beteiligen. Gerade der ländliche Raum kann so von den Gewinnen profitieren. Bürger*innen-Energieprojekte wollen wir mit einer Ausnahmeregelung bei den Ausschreibungen wieder stärken. Zudem wollen wir Mieterstrom fördern und entbürokratisieren.

Netzausbau beschleunigen

Um die Energiewende zum Erfolg führen zu können, müssen wir auch die Stromleitungen schneller ausbauen. Eine frühzeitige Bürger*innen-beteiligung erhöht die Qualität der Planung und trägt nachweislich dazu bei, dass potenzielle Klagegründe bereits zu Beginn gemeinsam ausgeräumt werden. Klar ist auch: Die Erneuerbaren genießen Vorrang im Netz. Dafür wollen wir den öffentlichen Einfluss auf die Stromübertragungsnetze stärken, indem wir nach Möglichkeit die staatlichen Anteile an den vier Übertragungsnetzbetreibern in Deutschland erhöhen und sie in eine Bundesnetzgesellschaft in Bundeshand überführen. Außerdem wollen wir über einheitliche Netzentgelte zu mehr Fairness zwischen Stadt und Land und Nord und Süd beitragen.

Klima-Sanierungsoffensive bei Gebäuden

Es ist höchste Zeit, dass alle Neubauten und umfassende Sanierungen klimaneutral erfolgen. Dreh- und Angelpunkt sind hohe Baustandards: bei Neubauten KfW 40, was in etwa dem Passivhausstandard entspricht, im Gebäudebestand nach Sanierung KfW 55 – mit Ausnahmen für denkmalgeschützte Gebäude. Die Sanierungsquote muss deutlich gesteigert werden. Wir legen dazu ein Investitionsprogramm für 2.000.000 Wärmepumpen bis 2025 auf. Auch die Fern- und Nahwärme wollen wir dekarbonisieren.

Wärmewende fair gestalten

Die Wärmewende muss mit wirksamem Mieter*innenschutz und gezielter Förderung einhergehen. Wir wollen mit dem sogenannten Drittelmodell die

Kosten für klimafreundliche Modernisierungen fair zwischen Vermieter*innen, Staat und Mieter*innen verteilen. Die Modernisierungsumlage wollen wir strikt begrenzen, damit Kosten nicht einfach auf die Mieter*innen abgewälzt werden können. Mit einem Zuschuss zum Wohngeld, dem Klimawohngeld, ermöglichen wir Empfänger*innen von Wohngeld, auch in klimafreundlichen Wohnungen zu leben. Eigenheimbesitzer*innen werden wir mit Steuervergünstigungen und zielgerichteten Förderprogrammen helfen.

Atomausstieg vollenden – Endlagersuche zum Erfolg führen

Wir werden Ende 2022 den Atomausstieg in Deutschland vollenden. Doch obwohl Atomkraft eine Hochrisikotechnologie ist, wird bei uns immer noch Uran angereichert, werden Brennstäbe hergestellt und exportiert. Unser Ziel ist es, die Atomfabriken in Gronau und Lingen durch eine restriktivere Exportpolitik stark einzuschränken und perspektivisch zu schließen. Zum Atomausstieg gehört auch, einen Endlagerstandort für den hochradioaktiven Atommüll zu finden. Wir bekennen uns zum verabredeten Pfad der Endlagersuche. Entscheidend für den Endlagerstandort sind höchste Sicherheitsstandards bei bestmöglichen geologischen Bedingungen und Rückholbarkeit. Auch in der EU wollen wir den Einstieg in den Ausstieg vorantreiben.

Wir sorgen für nachhaltige Mobilität

Investitionen für starke Bahnen in Stadt und Land

Wir wollen den Bahnverkehr ausbauen, alle deutschen Großstädte mit regelmäßigen Verbindungen an den Fernverkehr anschließen und in ländlichen Räumen in größerem Umfang Anschlüsse an das Schienennetz reaktivieren. Auch den grenzüberschreitenden Zugverkehr gilt es im Rahmen eines Europatakts deutlich zu stärken. Bahnhöfe wollen wir zu modernen Mobilitätsstationen aufwerten und die Kombination von Fahrrad und öffentlichem Verkehr stark verbessern. Die Investitionsmittel für die Bahn werden wir dafür massiv anheben.

ÖPNV ausbauen

Wir wollen die Fahrgastzahlen im ÖPNV bis 2030 verdoppeln. Dazu muss der öffentliche Personennahverkehr attraktiver und innovativer und mit dem Fernverkehr verknüpft werden. Zusammen mit den Ländern werden wir eine Zukunfts- und Ausbauoffensive starten. Auch die Beschaffung von emissionsfreien Bussen wollen wir durch attraktive Konditionen für die Kommunen vorantreiben. In Modellprojekten sind Kommunen dabei zu unterstützen, auf einen umlagefinanzierten preiswerten ÖPNV umzusteigen.

Fahrradnetz für ganz Deutschland

Wir wollen Deutschland zum Fahrradland machen. Radfahren muss sicher und attraktiv sein – überall. Radwege in Städten, Pendelstrecken oder Verbindungen von Dorf zu Dorf wie auch touristische Radwege sollen sich durch hohe Qualität und eine gute Beschilderung auszeichnen. Unsere Vision ist ein lückenloses Fahrradnetz in ganz Deutschland. Wir erhöhen die Förderprogramme für Ausbau und Modernisierung der Radinfrastruktur und reformieren das Straßenverkehrsrecht, damit Radfahrer*innen besser geschützt sind und mehr Platz im Straßenraum bekommen.

Mobilpass einführen

Wir wollen die Chancen der Digitalisierung für eine Verkehrswende nutzen. Echtzeitinformationen und ein einheitliches Ticketsystem müssen im ÖPNV Standard werden. Damit man problemlos überall von A nach B kommt, wollen wir mit dem Mobilpass die Angebote von 120 Verkehrs- und Tarifverbünden in Deutschland verknüpfen und Sharing- und Ridepooling-Dienste so integrieren, dass Sozial- und Umweltdumping ausgeschlossen sind. Wir wollen den Wechsel zu Fahrrad, Bus und Bahn für alle möglich machen und auch finanziell fördern.

Mehr Sicherheit im Straßenverkehr

Damit mehr Menschen auf das Fahrrad steigen, öfter zu Fuß gehen und auf diese Weise Städte vom Autoverkehr entlasten, sind zeitgemäße Verkehrsregeln, die folgenschwere Verkehrsunfälle verhindern, entscheidend. Für die Autobahnen wollen wir ein Sicherheitstempo von 130 Stundenkilometern. Um die vielen Unfälle von Fahrradfahrer*innen und Fußgänger*innen in Innenstädten durch abbiegende Schwerlasttransporter zu verhindern, wollen wir verpflichtende Vorgaben für Lkw-Abbiegeassistenzsysteme einführen.

Autos der Zukunft bauen

Das Auto der Zukunft wird leiser, digitaler und klimaneutral sein. Damit das Auto der Zukunft weiter in Deutschland entwickelt und produziert wird, braucht es klare politische Leitplanken. Ab 2030 sollen deshalb nur noch emissionsfreie Autos neu zugelassen werden. So sorgen wir für saubere Luft in Innenstädten, erfüllen unsere Klima- und Umweltziele, und die Automobilindustrie kann ihre Entwicklungsarbeit verlässlich auf Elektromobilität ausrichten. Das sichert zukunftsfähige Arbeitsplätze und neue Geschäftsmodelle. Wir setzen uns für schärfere europäische CO_2-Flottengrenzwerte ein. Den Kauf emissionsfreier Autos wollen wir über ein Bonus-Malus-System in der Kfz-Steuer fördern. Saubere Autos werden billiger, klimaschädliche teurer.

Moderne Verkehrsinfrastruktur
Die Verkehrspolitik hat jahrzehntelang einseitig Straßenbau und Pkw-Verkehr gefördert. Deutschland braucht jetzt eine Infrastrukturentwicklung, die an den Zielen der Mobilität für alle und an Klimaneutralität ausgerichtet ist und den Fokus auf den Ausbau von Schienen, Radwegen und auf eine intelligente Vernetzung umweltfreundlicher Verkehrsmittel legt. Auch die Vermeidung von Verkehr werden wir unterstützen.

Mobil auf dem Land durch eine Mobilitätsgarantie
Das Auto ist für viele Menschen im ländlichen Raum unverzichtbar und gerade für viele Familien im ländlichen Raum kaum wegzudenken. Dort setzen wir deshalb an erster Stelle auf die Chancen der Antriebswende. Doch auch auf dem Land muss Mobilität ohne Auto möglich sein, das Angebot muss wachsen. Wir wollen die Länder dabei unterstützen, eine Mobilitätsgarantie mit Standards für Erreichbarkeit und Erschließung einzuführen, erweiterte Angebote an öffentlicher Mobilität in ländlichen Räumen zu entwickeln und Radwege auszubauen.

Mobilitätswende in der Stadt
Die autozentrierte Stadt ist nicht nur klimaschädlich, sondern auch kein schöner Ort zum Leben. Wir wollen die Städte bei der Mobilitätswende gezielt unterstützen, es ihnen erleichtern, sichere Radwege und attraktive Fußwege anzulegen und verkehrsberuhigte oder autofreie Innenstädte und Stadtviertel zu schaffen. Die Städte sollen mehr Möglichkeiten bekommen, regulierend in den Autoverkehr einzugreifen und öffentlichen Raum neu aufzuteilen. Die Ausweitung von umweltfreundlichem Carsharing werden wir fördern, damit der Pkw-Bestand in den Städten abnimmt.

Flugverkehr klimaneutral ausrichten
Fliegen hat unsere Welt näher zusammengebracht. Zugleich ist es wegen seines immensen Kerosinverbrauchs die klimaschädlichste Fortbewegungsart. Nach der Pandemie wollen wir kein Zurück zum blinden Wachstum des Luftverkehrs, sondern diesen am Ziel der Klimaneutralität ausrichten. Kurzstreckenflüge wollen wir bis 2030 überflüssig machen, indem wir die Bahn massiv ausbauen. Die Zahl von Langstreckenflügen gilt es zu vermindern und sie

gleichzeitig zu dekarbonisieren. Umweltschädliche Subventionen im Flugverkehr sind abzubauen.

Zukunftsfähiger Güterverkehr

Wir setzen auf regionale Wirtschaftskreisläufe, die Chancen der Digitalisierung und Vernetzung bei der Organisation der Logistik und wollen mehr Güter mit der Bahn transportieren. Dazu wollen wir dafür sorgen, dass Industrie und Gewerbe wieder ans Bahnnetz angeschlossen werden. In der Schifffahrt heißt es, weg vom Schweröl und stattdessen den Einsatz alternativer Kraftstoffe und Antriebe forcieren. Den ausufernden Lkw-Verkehr wollen wir durch eine CO_2-orientierte Maut regulieren. Zusammen mit ambitionierten CO_2-Flottengrenzwerten und der Förderung klimafreundlicher Antriebe werden auch Lkw absehbar emissionsfrei.

Wir schützen Natur und Umwelt für ein gutes Leben

Artensterben stoppen

Biologische Vielfalt sichert das Leben auf der Erde. Um die Krise der Artenvielfalt zu überwinden und das massenhafte Artensterben zu beenden, brauchen wir vor allem eine andere Landnutzung. Wir werden ein Sofortprogramm Artenschutz auflegen, mit dem wir den Pestizideinsatz verringern und den Einsatz von Glyphosat untersagen. Wir werden Naturschutzkorridore schaffen und Schutzgebiete, wo möglich, vergrößern und neue schaffen. Mit einem Wildnisfonds wollen wir dafür sorgen, dass sich auf mindestens 2 Prozent der Landesfläche wieder echte Wildnis entwickeln kann. Um Natur zu retten gilt es, bis 2030 den Flächenverbrauch zu halbieren.

Unseren Wald retten

Unser Wald ist durch die Klimakrise stark bedroht. Wir erleben heute schon ein Waldsterben, das weitaus größere Schäden anrichtet, als in den 80er Jahren durch den sauren Regen entstanden sind. Wir wollen den Umbau und die Wiederbewaldung nach ökologischen Bewirtschaftungsvorgaben unterstützen. Die Bewirtschaftung von Flächen der öffentlichen Hand soll an ökologische Kriterien geknüpft werden. Wir wollen fünf Prozent unserer Wälder komplett aus der Nutzung nehmen. Gemeinsam mit Kommunen und Ländern wollen wir eine bundesweite Präventions- und Bekämpfungsstrategie gegen Waldbrände erarbeiten.

Biologische Vielfalt an Land und im Meer schützen

Wir werden uns für ein ambitioniertes Abkommen der Vereinten Nationen zum Erhalt der biologischen Vielfalt einsetzen. Nötig ist außerdem ein Entwaldungsstopp für die Schutzgebiete an Land. Die UN-Ziele für nachhaltige Entwicklung wollen wir in einem solchen Abkommen als neue Leitprinzipien verankern. Insbesondere im Meeresbereich verfolgen wir eine gemeinsame internationale Meeresstrategie. Wir werden uns dafür einsetzen, den Schutz der Meere über verbindliche Abkommen zu schärfen, damit legale Verschmutzung, wie z.B. Tankwäschen auf Hoher See, verboten und Übernutzung verhindert wird.

Flüsse und Moore schützen

Naturnahe Bäche und die letzten frei fließenden Flüsse wie die Elbe müssen erhalten bleiben. Flüsse mit weiten Auen und Überschwemmungsgebieten sind auch der beste Schutz gegen Hochwasser. Daher werden wir die Aufgaben der Bundeswasserstraßenverwaltungen stärker ökologisch ausrichten. Spezifische Programme für wilde Bäche, naturnahe Flüsse, Seen, Auen und Feuchtgebiete wollen wir stärken. Moorschutz ist Klimaschutz. Daher wollen wir unsere Moore so schnell wie möglich wieder vernässen. Dazu legen wir gemeinsam mit den Ländern ein großflächig wirksames Moor-Renaturierungsprogramm auf.

Sauberes Wasser ist Leben

Nitrat, Waschmittelrückstände und Medikamentenreste, die Grundwasser, Seen und Flüsse belasten, gehören nicht ins Abwasser. Deshalb wollen wir klare gesetzliche Vorgaben etwa zur Flächenbindung der Tierhaltung und des Pestizideinsatzes verankern. Durch eine Stärkung der Produktverantwortung von Herstellern und genaue Entsorgungsvorschriften für Medikamente, können wir die Gefahren von Arzneimittelrückständen im Wasser und Resistenzen von Keimen verringern. Den Vorrang der öffentlichen Wasserversorgung gegenüber gewerblicher Nutzung gilt es sicherzustellen.

Meere schützen, Plastikmüllflut stoppen

Die Meere befinden sich in einem katastrophalen Zustand – und dieser droht, sich durch weitere Versauerung, Überdüngung, Verschmutzung und Plastikmüll noch zu verschlechtern. Um die Plastikmüllflut zu stoppen, wollen wir ein Sofortprogramm mit verbindlichen Müllvermeidungszielen auflegen. Um die Fischbestände zu stabilisieren und Fischer*innen eine nachhaltige Perspektive zu geben, wollen wir eine regionale, umwelt- und artenschonende Fischerei unterstützen. Aus den Erdölförderanlagen in der Nordsee treten durch Unfälle, Bohrschlamm und durch die Abfackelung von Gas giftige Stoffe aus. In der deutschen Ausschließlichen Wirtschaftszone (AWZ) wollen wir daher einen sofortigen Stopp neuer Öl- und Gasbohrungen umsetzen sowie ein Förderende bis 2025.

Das Ende des Mülls
Unser Ziel ist Zero Waste. Es soll kein Müll mehr verursacht und die Ressourcenverschwendung gestoppt werden. Dafür wollen wir das komplizierte Pfandsystem entwirren. Jede Flasche soll in jeden Pfandautomaten passen, den To-Go-Mehrwegbecher machen wir bis 2025 zum Standard. Damit Ressourcenschätze aus alten Elektrogeräten zurück in den Kreislauf finden, schaffen wir ein Pfand auf Handys, Tablets und energieintensive Akkus. Im Kreislaufwirtschaftsgesetz räumen wir allen ökologisch vorteilhaften Mehrwegprodukten Vorrang ein.

Giftfreie Produkte im Alltag
Plastikrückstände befinden sich bereits in den Körpern von Kindern und Jugendlichen. Wir wollen giftige Chemikalien, die Erkrankungen wie Krebs, Diabetes oder ungewollte Kinderlosigkeit auslösen können, aus allen Alltagsprodukten verbannen. Im Rahmen der Chemikalienverordnung REACH wollen wir weitere Einschränkungen für gefährliche Stoffe. Besonderes Augenmerk richten wir auf Spielzeug, Kinderpflegeprodukte und andere Alltagsprodukte wie Textilien, Möbel oder Elektronik.

Saubere Luft zum Atmen
Wir alle brauchen saubere Luft zum Atmen. Doch Abgase aus dem Verkehr, aus Kohlekraftwerken oder alten Ölheizungen machen krank. Nach Berechnung der Europäischen Umweltagentur sterben allein in Deutschland pro Jahr 70.000 Menschen vorzeitig durch von Luftverschmutzung verursachte Krankheiten. E-Autos, Solar- und Windenergie schützen unsere Luft. Wir wollen diese Entwicklung beschleunigen und die Minderungsziele für Luftschadstoffe und die Grenzwert-Empfehlungen der Weltgesundheitsorganisation schnellstmöglich umsetzen.

Klimaanpassung und mehr Natur in der Stadt
Wir wollen unsere Städte besser gegen Hitzewellen wappnen – mit mehr Stadtgrün, Fassadenbegrünung und Trinkbrunnen. Es gilt, unsere Städte so umzugestalten, dass sie mehr Wasser aufnehmen und speichern und im

Sommer kühlend wirken. Öffentliche Trinkwasserversorgung muss Vorrang vor einer Privatnutzung haben. Auch für Tiere und Pflanzen sind unsere Städte immer wichtigere Lebensräume. Wir wollen die Natur in der Stadt ausweiten und dafür z.B. die Lichtverschmutzung eindämmen, die sich negativ auf Menschen und Tiere auswirkt.

Wir stärken Bäuer*innen, Tiere und Natur

Landwirtschaft fit für die Zukunft machen
Wir wollen Umwelt-, Tier-, Klima- und Gewässerschutz und landwirtschaftliche Erzeugung miteinander versöhnen. Die Landwirtschaft fit für die Zukunft zu machen – das begreifen wir als Aufgabe für die nächsten Jahre. Das bedeutet fruchtbare Böden, sauberes Wasser und intakte Ökosysteme, aber auch faire Bezahlung von Landwirtinnen und Landwirten und ein geändertes Ernährungssystem. Wir werden vielfältige Fruchtfolgen und widerstandsfähige Anbausysteme ebenso stärken wie die Nutzung von robusten Pflanzensorten und Tierrassen. Den Ökolandbau wollen wir umfangreich fördern und die Voraussetzungen dafür schaffen, dass künftig immer mehr Bäuer*innen und Lebensmittelhersteller umstellen.

Öffentliches Geld für öffentliche Leistung
Die Gemeinsame Agrarpolitik (GAP) der EU sollte zu einem Instrument für eine ökologische Agrarpolitik werden – und nicht wie bisher für die Industrialisierung der Landwirtschaft. Das muss der Ausgangspunkt für einen Gesellschaftsvertrag zwischen Bäuer*innen, Verbraucher*innen und Politik für Klima- und Naturschutz sein. Wir wollen eine Reform, damit die Milliarden an öffentlichen Geldern künftig für öffentliche Leistungen wie Klima-, Umwelt- und Tierschutz eingesetzt werden. Wir wollen das System der Direktzahlungen schrittweise durch eine Gemeinwohlprämie ablösen, die konsequent gesellschaftlichen Leistungen honoriert. Bis zum Jahr 2028 wollen wir für die Hälfte der Gelder eine ökologische Zweckbindung erreicht haben.

Pestizide reduzieren
Wir wollen den Ausstieg aus der Pestizidabhängigkeit unserer Landwirtschaft schnell und machbar gestalten: durch eine systematische Pestizidreduktionsstrategie, ein Sofortverbot für besonders umwelttoxische Wirkstoffe und das besonders häufig eingesetzte Pestizid Glyphosat. Um den Einsatz von Pestiziden insgesamt zu reduzieren, führen wir eine Pestizidabgabe ein. Wir wollen die Ausbringung von Pestiziden in Naturschutzgebieten und Trinkwasser-

schutzgebieten untersagen. Die Landwirt*innen werden durch Gelder der Pestizidabgabe dafür entschädigt.

Vielfältiges Saatgut ohne Patente

Eine vielfältige, gerechte und nachhaltige Landwirtschaft beginnt beim Saatgut. Es ist nötig, die Zucht von robusten Sorten voranzutreiben. Angesichts der Klima- und Biodiversitätskrise wollen wir sowohl die Forschung für ökologisches Saatgut stärken als auch neue Ansätze fördern. Gentechnikfreie Produktion muss durch vorsorgeorientierte Zulassungsverfahren und Kennzeichnungspflicht geschützt bleiben. Wir wollen das Patentrecht so ausrichten, dass es keine Patente auf Pflanzen und Tiere sowie deren genetische Anlagen mehr gibt.

Gerechte Einkommen und Arbeitsbedingungen für Bäuer*innen

Bäuerinnen und Bauern müssen von ihrer Arbeit leben können. Wir werden daher mit Hilfe des Wettbewerbsrechts gegen Dumpingpreise im Lebensmittelhandel vorgehen. Wir wollen Junglandwirt*innen und Neueinsteiger*innen unterstützen und Maßnahmen gegen Bodenspekulation und den Ausverkauf ländlicher Fläche ergreifen. Ein besserer Arbeits- und Gesundheitsschutz für Beschäftigte in Landwirtschaft und Fleischindustrie ebenso wie mehr Rechte für die Arbeitnehmer*innen, tarifliche Löhne und starke Gewerkschaften sind notwendig.

Regionale Vermarktung stärken

Der Wunsch, wieder mehr regional und handwerklich erzeugte Lebensmittel zu kaufen, beim Bäcker, in der Metzgerei, auf dem Bauernhof, wächst stetig. Wir wollen die regionale Erzeugung und Vermarktung stärken und so dem Betriebssterben der letzten Jahre entgegentreten Wir unterstützen Regionalsiegel und Direktvermarktungen der Betriebe durch lokale Einkaufs-Apps und Regionalwerbung und sorgen mit einer klaren Definition von regionalen Produkten für Schutz vor Betrug. Öffentliche Fördergelder sollen vorrangig den kleinen und mittleren bäuerlichen Betrieben und Handwerker*innen zugutekommen.

Lebensmittel retten

Kitas, Schulen, Krankenhäuser, Pflegeheime, Mensen und Kantinen unterstützen wir dabei, mehr nachhaltiges, gesundes und regionales Essen anzubieten. Wir brauchen verbindliche Reduktionsstrategien für Zucker, Salz und Fett. Für Lebensmittelwerbung, die sich an Kinder richtet, wollen wir klare

Regeln. Klimaschutz heißt auch, dass wir als Gesellschaft weniger tierische Produkte produzieren und konsumieren werden. Wir wollen vegetarische und vegane Ernährung attraktiver und zugänglich für alle Menschen machen. Wir wollen mit einem Rettet-die-Lebensmittel-Gesetz Lebensmittelhandel und -produzenten verpflichten, genusstaugliche Lebensmittel weiterzugeben statt wegzuwerfen. Lebensmittel aus dem Müll zu retten – das sogenannte Containern – muss entkriminalisiert werden.

Klare Lebensmittelkennzeichnung
Gutes, nachhaltiges und gesundes Essen soll leicht zu erkennen sein. Wir werden daher eine verpflichtende Tierhaltungskennzeichnung für Fleisch und andere tierische Produkte einführen. Die Nährwertkennzeichnung Nutriscore wollen wir ausbauen und europaweit für alle Fertigprodukte anwenden. Außerdem wollen wir die Transparenz über die Herkunft von Lebensmitteln verbessern.

Wir ermöglichen Tieren ein besseres Leben

Tierhaltung mit mehr Platz für weniger Tiere
Bäuerinnen und Bauern werden von Dumpingpreisen erdrückt und müssen immer mehr produzieren, um zu überleben, die Tiere werden immer mehr auf Leistung gezüchtet und leben immer kürzer. Es braucht einen Ausweg. Ein Teil der Lösung ist, dass deutlich weniger Tiere gehalten werden als bisher und diesen Tieren ein wesentlich besseres Leben ermöglicht wird. Damit Tierschutz wirtschaftlich machbar ist, wollen wir die Landwirt*innen durch eine Umbauförderung, faire Preise für ihre Arbeit und verpflichtende Haltungskennzeichnungen auf den Produkten für alle Tierarten unterstützen. Den Umbau in tiergerechte Ställe werden wir durch einen Tierschutz-Cent auf tierische Produkte ebenso gezielt fördern wie die Weidetierhaltung. Qualzucht, Amputationen, Eingriffe ohne Betäubung und Anbindehaltung wollen wir beenden, den Einsatz von Antibiotika senken und Tiertransporte auf vier Stunden begrenzen.

Tiere schützen und respektieren
Tiere brauchen Schutz, deshalb werden wir die gesetzlichen Regelungen zur Tierhaltung verbessern. Anerkannten Tierschutzorganisationen und eine Bundestierschutzbeauftragte sollen Auskunfts- und Akteneinsichtsrechte wahrnehmen, die für den Tierschutz zuständigen Behörden kontrollieren und Rechtsverstöße beanstanden. Die Haltung von Wildtieren in Zirkussen gehört nicht mehr in unsere Zeit. Den Online-Handel mit Tieren wollen wir strikt regulieren. Wir streben die weitere konsequente Reduktion von Tierversuchen

in der Wissenschaft an und wollen Tierversuche mit einer klaren Ausstiegs-strategie und innovativen Forschungsmethoden schnellstmöglich überflüssig machen.

Wildtierhandel an die Leine legen

Die Covid-19-Pandemie muss eine Lehre sein, die Gesundheit von Umwelt, Tier und Mensch zusammen zu denken. Sie basiert auf einer Zoonose, einer vom Tier zum Menschen übertragenen Infektionskrankheit. Solche neuartigen Krankheiten werden durch die fortschreitende Zerstörung der Natur und das Vordringen der Menschen in die letzten natürlichen Lebensräume begünstigt. Dem gilt es, entgegenzuwirken. Wildtiere gehören in die Wildnis, der Handel mit ihnen muss strenger reguliert, Importe von Wildfängen, die Trophäenjagd, ihr Handel auf Online-Portalen und Wildtierbörsen müssen ganz verboten werden. Auch die industrielle Tierhaltung kann zu Pandemien beitragen, wie sich an Corona-infizierten Nerzen gezeigt hat. Die Tierhaltung ist deshalb auch an den Notwendigkeiten zur Eindämmung möglicher Zoonosen auszu-richten. Wir werden uns dafür einsetzen, dass Pelztierfarmen nicht mehr er-laubt sind.

Kapitel 2: In die Zukunft wirtschaften

Wir fördern Unternehmergeist, Wettbewerb und Ideen

Ein Jahrzehnt der Zukunftsinvestitionen

Wir starten in der nächsten Legislaturperiode eine Investitionsoffensive. In schnelles Internet, überall. In Spitzenforschung von Quantencomputern über modernste Biotechnologie. In klimaneutrale Infrastrukturen, in Ladesäulen, einen Ausbau der Bahn, emissionsfreie Busse und moderne Stadtentwicklung. Wir wollen, dass Deutschland bei den öffentlichen Investitionen im Vergleich der Industrieländer vom Nachzügler zum Spitzenreiter wird und in diesem Jahrzehnt pro Jahr 50 Milliarden Euro zusätzlich investiert. So gelingt die so-zial-ökologische Transformation, so schaffen wir nachhaltigen Wohlstand und sichern die Wettbewerbsfähigkeit unseres Landes in einer handlungsfähi-gen Europäischen Union.

Neustart nach der Corona-Krise

Ein Neustart nach der Corona-Krise muss gezielt den besonders betroffenen Branchen helfen. Damit sichern wir Existenzen, erhalten Arbeitsplätze und setzen zielgenaue konjunkturelle Impulse. Hierfür dehnen wir den steuerli-chen Verlustrücktrag aus, führen attraktive und zeitlich begrenzte

Abschreibungsbedingungen ein und helfen kleinen und mittleren Unternehmen, sich mit vereinfachten Restrukturierungsverfahren leichter neu aufzustellen, ohne Insolvenz anmelden zu müssen. Falls Corona-Soforthilfen nicht zurückgezahlt werden können, benötigen die Unternehmen großzügige Stundungen. Für Selbständige braucht es vor allem sichere Aufträge durch handlungsfähige Kommunen.

Klimaschutztechnologien Made in Germany

Made in Germany soll zukünftig nicht nur für Qualität, sondern noch stärker für nachhaltige und innovative Produkte und Prozesse stehen. Digitalisierung und Klimaneutralität müssen Staat und Unternehmen gemeinsam in Angriff nehmen. Während der Staat mehr öffentliche Investitionen realisiert, wollen wir zugleich Anreize für mehr Investitionen durch Unternehmen setzen. Öffentliche Investitionszuschüsse sollen gerade bei neuen Technologien eine Starthilfe geben, Klimaverträge helfen, dauerhafte Planungssicherheit für langfristige Klimaschutzinvestitionen zu geben.

Ein Gründungskapital einführen

Um den Wohlstand von morgen zu sichern brauchen wir eine neue Gründer*innenwelle. Mit einem unbürokratischen Gründungskapital, das Gründer*innen einen Einmalbetrag bis maximal 25.000 Euro sicherstellt, wollen wir dafür sorgen, dass keine gute Idee an zu wenig Eigenkapital scheitert. Gründer*innen sollen es leicht haben: statt sie durch einen Verwaltungsdickicht zu quälen sollen sie Information, Beratung und Anmeldung in einer zentralen Anlaufstelle erledigen können – überall in Deutschland. Frauen sind bei Gründungen noch unterrepräsentiert, sie wollen wir gezielt fördern mit einem staatlichen Wagniskapitalfonds nur für Frauen.

Fairer Wettbewerb um klimaneutrale Industrie-Technologien

Die energieintensiven Industrien – Stahl, Zement, Chemie - stehen für 15 Prozent des deutschen CO_2-Ausstoßes. Zugleich bieten sie hunderttausende gute Arbeitsplätze und sind ebenso Eckpfeiler unseres Wohlstandes. Wir wollen diese Industrien zum Technologievorreiter bei der Entwicklung klimaneutraler Prozesse machen. So bekämpfen wir die Klimakrise und tragen zur Sicherung des deutschen Industriestandorts bei. Mit dem Abbau von Hürden bei der grünen Eigenstromversorgung treiben wir die Dekarbonisierung der Prozesse voran. In der Chemieindustrie wollen wir die Transformation weg von Öl und Plastik hin zu nachwachsenden Rohstoffen voranbringen.

Automobilindustrie im Aufbruch

Weltweit läuft der Wettbewerb um das emissionsfreie und digitale Auto der Zukunft. Nach Jahren des Stillstands hat sich auch die Branche in Deutschland endlich auf den Weg gemacht. Jetzt braucht es Entschlossenheit und Zusammenarbeit, damit unsere Autobauer in Zukunft wieder die Nase vorn haben. Wir wollen ab 2030 nur noch emissionsfreie Autos neu zulassen. Wir unterstützen bei Forschung und Innovation und sichern einen schnellen Aufbau der Ladesäuleninfrastruktur und eine weitere Förderung des Markthochlaufs von emissionsfreien Fahrzeugen zu. Wir wollen Europa zum Weltmarktführer einer ökologischen Batteriezellproduktion machen, zu der ein wirksames Recyclingsystem gehört sowie die Forschung und Entwicklung der nächsten Batteriegeneration.

Europäische Halbleiterindustrie stärken

Eine erfolgreiche und weitsichtige Industriepolitik wird nur dann funktionieren, wenn auch gesamteuropäisch gedacht wird. Um kritische Abhängigkeiten zu verringern, soll die EU-Kapazität im Bereich der Halbleitertechnologie, wie von der EU-Kommission vorgeschlagen, auf 20 Prozent der weltweiten Produktion ausgebaut werden. Das gilt vor allem für die Bereiche, in denen wir bei Halbleitertechnologie für industrielle Anwendungen bereits eine starke europäische Stellung haben oder in denen eine besonders dynamische zukünftige Entwicklung zu erwarten ist. Hierzu müssen Investitionen entlang der Halbleiter-Wertschöpfungskette erhöht werden.

Kreislaufwirtschaft mit einer Reparatur- und Recyclingindustrie

Müll ist ein Designfehler und eine Verschwendung wichtiger Ressourcen und Rohstoffe. Ob Verpackung, Auto oder Laptop – wir schaffen die gesetzlichen Grundlagen dafür, um alle Produkte lange zu verwenden, reparieren und recyceln zu können. Im Ergebnis heißt das bis 2050: kein Müll mehr, dafür mehr grüne Jobs vor Ort. Den Weg dorthin weisen wir mit stärkeren Herstellerverpflichtungen, ambitionierten Recyclingquoten und gezielten Förderprogrammen. Bis 2030 werden wir alle Güter und Materialien, die auf den Markt kommen, mit einem digitalen Produktpass ausstatten, der alle wichtigen Information über Design, Reparierbarkeit und Materialien enthält, die wir für die Kreislaufwirtschaft brauchen.

Forschungsergebnisse in die Praxis bringen, Gründungskultur beleben

An unseren Hochschulen und Forschungseinrichtungen wird nach höchsten Standards geforscht. Vielversprechende Forschungsergebnisse müssen aber noch öfter in die Praxis gelangen. Vielfach mangelt es in der deutschen Wissenschaft an einer lebendigen Gründungskultur, strukturelle Hemmnisse verhindern Ausgründungen. Wir wollen den Ausbau von Förderprogrammen für Hightech-Startups, Gründungszentren und Entrepreneurship-Ausbildung vorantreiben. Statt unattraktiver Lizenzregelungen wollen wir die stille Beteiligung der öffentlichen Institutionen zum neuen Ausgründungs-Standard machen.

Frauen an die Spitze

Deutschland ist vielfältig, seine Führungsetagen sind es (noch) nicht. Dabei führen diverse Teams Unternehmen erfolgreicher. Die Vielfalt der deutschen Gesellschaft muss sich dringend in den Führungs- und Entscheidungsgremien und der Wirtschaft abbilden. Obwohl Frauen mindestens gleich gut qualifiziert sind wie Männer, fehlen sie dort. Zukünftig soll mindestens ein Drittel der Vorstandssitze größerer und börsennotierter Unternehmen bei einer Neubesetzung an eine Frau gehen. Die Wirtschaftsförderung wollen wir geschlechtergerechter ausgestalten und Frauen dort, wo sie unterrepräsentiert sind, mit gezielten Maßnahmen fördern.

Fachkräftemangel bekämpfen

Der Arbeits- und Fachkräftemangel wird sich verstärken. Dem wollen wir entgegenwirken. Dafür investieren wir mehr in berufliche und berufsbegleitende Bildung. Der Meisterbrief soll wie ein Studium kostenfrei werden. Hürden, die Frauen, Älteren, Menschen mit Behinderungen, Jugendlichen aus einkommensarmen Elternhäusern oder Menschen mit Migrationsgeschichte oft noch im Weg stehen, bauen wir ab. Einwanderung in unser Land erleichtern wir, mit der Einführung einer Talentkarte und einer schnelleren Anerkennung ausländischer Bildungs- und Berufsabschlüsse. Wir unterstützen Betriebe, die Geflüchteten und Einwander*innen eine Chance auf Ausbildung und Beschäftigung geben.

Mittelstandspolitik ist Innovationspolitik

Der deutsche Mittelstand ist vielfältig, innovativ und international wettbewerbsfähig. Hier entstehen die Lösungen für die Herausforderungen der Zukunft, er sichert Wertschöpfung in und für die Regionen. Unsere Mittelstandspolitik setzt auf den Dreiklang aus Verringerung bürokratischer Lasten, einer *innovationsfreundlichen Steuerpolitik sowie einer breitenwirksamen For-schungslandschaft. Mit schnelleren Planungen und Genehmigungen und einer effizienten, digitalen Verwaltung unterstützen wir den Mittelstand bei Inno-vation und Transformation. Außerdem sollen passgenaue Beratungen für Di-gitalisierung und Klimaschutz gefördert werden, auch über längere Zeit-räume.*

Zukunftsfähigkeit eines starken Handwerks sichern
Das Handwerk ist einer der wichtigsten Wirtschaftsfaktoren in Deutschland. Es bietet gerade im ländlichen Raum jungen Menschen eine Perspektive. Ge-rade für sie liegen in der ökologischen Transformation riesige Chancen - von der Gebäudesanierung bis zum Heizungstausch. Oberstes Ziel ist der Erhalt und die Zukunftsfähigkeit der Betriebe. Damit Handwerksberufe noch attrak-tiver werden, setzen wir auf eine stärkere Tarifbindung, branchenspezifische Mindestvergütungen und Gleichwertigkeit von beruflicher und akademischer Ausbildung.

Kultur schafft Wohlstand
Vor Corona erzielten die über 1,2 Millionen Kreative und Kulturschaffende al-lein im Jahr 2019 einen Umsatz von knapp 180 Milliarden Euro – mehr als beispielsweise die chemische Industrie oder Finanzdienstleister. Doch die Kul-tur- und Kreativwirtschaft ist durch die Corona-Krise existenziell bedroht. Nur mit gezieltem Schutz und verbesserter Förderung werden wir große Teile un-seres kulturellen Lebens vor dem Wegbrechen retten können. Wir erweitern den Innovationsbegriff in den Programmen zur Existenzgründungsförderung, sodass davon auch die Kultur- und Kreativwirtschaft profitiert. Förderpro-gramme schneiden wir spezifisch auf die Bedürfnisse der Kultur- und Kreativ-wirtschaft zu.

Der Tourismuswirtschaft nachhaltig auf die Beine helfen
Wir wollen der Reise- und Tourismuswirtschaft wieder auf die Beine helfen und zugleich den Nach-Corona-Tourismus klimaschonender, ökologischer und sozial nachhaltiger gestalten. Ein ökologischer und sozial blinder Massen-tourismus mit klimaschädlichen Kreuzfahrtschiffen, endloser Müllproduktion und riesigem Ressourcenverbrauch hat keine Zukunft. In einem nachhaltigen Tourismus liegen hingegen riesige Chancen. Nachhaltigen oder sanften Tou-rismus wollen wir gerade in ländlichen Regionen gezielt entwickeln, zum Bei-spiel durch den Ausbau touristischer Rad- und Wasserwege.

Wir geben dem Markt einen sozial-ökologischen Rahmen

Wohlstand neu bemessen

Wir wollen den wirtschaftlichen Erfolg Deutschlands und der Unternehmen nicht nur an Wachstum und Rendite, sondern auch anhand sozialer, ökologischer und gesellschaftlicher Kriterien messen und die Wirtschaftsförderung entsprechend ausrichten. Dafür soll in Zukunft neben dem Jahreswirtschaftsbericht ein Jahreswohlstandsbericht veröffentlicht werden. Dieser berücksichtigt zum Beispiel den Beitragsschutz der Natur, eine gerechte Einkommensverteilung oder auch gute Bildung zum Wohlstand unserer Gesellschaft.

Den europäischen Green Deal ambitioniert gestalten

Mit dem Europäischen Green Deal hat die EU-Kommission ein Programm vorgelegt, um die Europäische Union zum ersten klimaneutralen Kontinent zu machen. Wir machen weiter Druck, damit die ökologische Wende dazu beiträgt, Ungleichheit zu verringern. In der Landwirtschaftspolitik kämpfen wir dafür, dass die Reform der Gemeinsamen Agrarpolitik und ihre Umsetzung unter die Ziele des Green Deal gestellt wird, da sie immense Auswirkungen auf Umwelt- und Artenschutz entfaltet. In der Handelspolitik wollen wir Umwelt- und Sozialkapitel von zukünftigen Handelsverträgen rechtsverbindlich und sanktionierbar machen.

Die Macht des Europäischer Binnenmarkts für die Transformation nutzen

Der europäische Binnenmarkt ist eine Erfolgsgeschichte, die gerade im globalen Wettbewerb auf seinen hohen Standards beruht. Diese hohen Standards wollen wir im Sinne einer sozial-ökologische Transformation des Binnenmarkts erhalten und ausbauen. Die globale Lenkungswirkung des Binnenmarkts wollen wir steigern, indem wir sicherstellen, dass Unternehmen auf dem europäischen Markt auch international Verantwortung für ihre Produktions- und Vertriebsweise entlang der gesamten Wertschöpfungskette übernehmen.

Sozialunternehmen und Genossenschaften stärken

Wir unterstützen insbesondere Genossenschaften und Sozialunternehmen, weil sie gesellschaftliche Anliegen mit unternehmerischem Handeln verbinden. Dafür schaffen wir zielgruppenspezifische Finanzierungsinstrumente und wollen die Programme der klassischen Gründungs- und Innovationsfinanzierung ausweiten. Unser Ziel ist eine Gründungswelle neuer Genossenschaften und von sozial-ökologisch inspirierten Unternehmen. Dazu werden wir die Rahmenbedingungen für ihr Wirtschaften systematisch verbessern und bestehende Benachteiligungen beseitigen.

Verantwortungseigentum stärken

Wir setzen uns für die Einführung einer Unternehmensform für Verantwortungseigentum ein. Eine wachsende Zahl von Unternehmer*innen verstehen ihr Unternehmen nicht als individuell konsumierbares Vermögen. Sie wollen, dass der Zweck ihres Unternehmens nicht dem kurzfristigen Shareholder-Value dient, sondern langfristig dem Sinn und Zweck des Unternehmens. Dafür brauchen sie eine Rechtsform, die eine hundertprozentige Vermögensbindung an das Unternehmen ermöglicht und ansonsten die Flexibilität der GmbH beibehält. Gewinne werden reinvestiert oder gespendet.

Wir bringen die Digitalisierung voran

Eine Europäische Cloud-Infrastruktur

Daten sind Schlüsselressource der digitalen Welt, insbesondere für Technologien wie die künstliche Intelligenz. Gerade im industriellen Bereich wollen wir neue Ansätze schaffen, um eine gemeinsame, freiwillige Nutzung nicht personenbezogener Daten zu verbessern und rechtssicher zu gestalten. Davon profitiert vor allem der Mittelstand. Hierfür braucht es klare gesetzliche Spielregeln für kooperative und dezentrale Datenpools und Datentreuhandmodelle, die eine gemeinsame und durch Kartellbehörden überprüfbare Nutzung dieser Daten ermöglichen. Wir wollen eigene europäische Standards und Regeln setzen. Die eigene kritische Infrastruktur wollen wir schützen und eine gemeinsame europäische Cloud-Infrastruktur verwirklichen.

Hightech-Standort ausbauen

In unserer Forschungs- und Unternehmenslandschaft steckt eine riesige Innovationskraft. Eine Innovationskraft, die der Staat mit Tempo und entschlossenen Investitionen unterstützen muss. Dabei legen wir einen besonderen Fokus darauf, die ökologischen und sozialen Potenziale der Technologien zu heben. So verbessern Innovationen die Lebensbedingungen der Menschheit und sichern den Wohlstand von morgen. Um im internationalen Standort-Wettbewerb mithalten zu können, bedarf es einer starken europäischen Vernetzung von Spitzenforschung.

Startup-Wagniskapital eine Richtung geben

Wir müssen nicht nur technologisch exzellent sein, sondern bahnbrechende Technologien auch in neue Geschäftsmodelle, Märkte, Dienstleistungen und

Produkte umwandeln können. Fördermöglichkeiten und Netzwerke für Startups und junge Unternehmen auf nationaler und europäischer Ebene können den Unterschied zwischen einer guten Idee auf dem Flipchart und einem weltweit erfolgreichen Unternehmen ausmachen. Ein staatlicher Wagniskapitalfonds kann helfen, unseren Gründer*innen dauerhaft eine Heimat zu geben.

Internetgiganten regulieren

Wir setzen uns für einen funktionierenden und fairen Wettbewerb auf digitalen Märkten ein. Durch übermäßige Marktmacht einzelner Internetgiganten wird dieser eingeschränkt oder gar aufgehoben. Relevante Erwerbsvorgänge von Tech-Konzernen sollten durch das Bundeskartellamt geprüft werden, um den strategischen Aufkauf von aufkeimender Konkurrenz zu verhindern. Unter dem Dach eines eigenständigen europäischen Kartellamts wollen wir eine europäische Digitalaufsicht etablieren, die als Frühwarnsystem fungiert.

Mehr Frauen in der Digitalwirtschaft

Alle sollen an der Gestaltung der digitalen Transformation beteiligt sein und ihre Potentiale einbringen können. Deshalb werden wir eine Strategie „Frauen in der Digitalisierung" vorlegen und umsetzen. Mädchen sollen schon in der Grundschule für Digitalthemen begeistert werden. Wir brauchen an den Hochschulen eine gezielte Ansprache von Frauen für Informatikstudiengänge und mehr Frauen in den Hochschulgremien. In der Digitalbranche ist ein Kulturwandel erforderlich, auch, um unser volles Innovationspotential auszuschöpfen.

Transparente Algorithmen

Autonom entscheidende Systeme sind nicht neutral. Sie beruhen auf Daten und damit auch auf Werten und Vorurteilen aus der analogen Welt. Wir wollen daher Transparenz, Überprüfbarkeit und Grenzen, damit algorithmische Entscheidungssysteme nicht diskriminierend wirken. Wir schaffen einen nach Risiken abgestuften Ordnungsrahmen für den Einsatz automatischer Systeme, klare Regeln zur Nachvollziehbarkeit, zum Datenschutz und zur Datenqualität, um Kontrolle und Haftung zu ermöglichen. Auch Plattformanbieter müssen ihre automatisierten Entscheidungen, Vergleiche oder Preise transparent machen und erklären können.

IT-Sicherheit als Standortfaktor

Gute IT-Sicherheit und klare rechtsstaatliche Standards sichern Grundrechte und sind die Voraussetzung, damit der digitale Wandel gelingt. Der Staat bleibt in der Pflicht, diese zu gewähren. Gute IT-Sicherheit ist längst auch ein wichtiger Standortfaktor. Wir setzen Anreize für beste IT-Sicherheit durch unabhängige Auditierungen und Zertifizierungen und wollen vor allem die kleinen und mittleren Unternehmen sehr viel stärker durch ein dezentrales und unabhängiges IT-Beratungsnetzwerk unterstützen.

Wir kämpfen für einen fairen und nachhaltigen Handel

Neustart für gute Handelsverträge

Fairer Handel trägt zur Vertiefung internationaler Partnerschaften und damit auch einer sicheren Welt bei. Wir wollen einen multilateralen Welthandel und Handelsabkommen, die dem Wohlstand aller Menschen dienen, die Umwelt- und Klimaschutz einfordern und die Beziehungen mit unseren Partnern im Einsatz für Demokratie und Freiheit stärken. Umweltschädliche Abkommen wie das EU-Mercosur-Abkommen mit lateinamerikanischen Staaten lehnen wir ab. Europa kann aufgrund des großen gemeinsamen Binnenmarktes selbstbewusst in Handelsverhandlungen gehen. Europäische Handelsverträge müssen verbindliche und durchsetzbare Umwelt- und Sozialstandards enthalten. Wir setzen uns für einen multilateralen Handelsgerichtshof bei den Vereinten Nationen ein.

Aktive Außenwirtschaftspolitik und fairer Wettbewerb

Damit gleiche Wettbewerbsbedingungen für alle Marktteilnehmer*innen gelten, muss Europa eine aktive Außenwirtschaftspolitik betreiben. Gerade wenn aus Drittländern mit unfairen Mitteln auf dem europäischen Binnenmarkt agiert wird. Durch eine Reform des EU-Beihilferechts können Wettbewerbsverzerrungen durch staatlich geförderte Konzerne aus anderen Weltregionen verhindert werden. Die deutsche Exportförderung muss in Zukunft anstelle von fossilen Anlagen und Kraftwerken, Hidden Champions, die Hightech für bessere Umwelt- und Lebensbedingungen herstellen, unterstützen. Mit der EU Kommission setzen wir uns für einen Grenzausgleich von CO_2-Kosten ein, damit ambitionierter Klimaschutz nicht zum Wettbewerbsnachteil wird.

Fairer Handel für eine nachhaltige Entwicklung im Globalen Süden

Die Entwicklungschancen der Länder des globalen Südens sind stark davon abhängig, wie fair die Handelspolitik gestaltet wird. Fairer Handel muss zum Standard werden. Dieser muss sich am Pariser Klimaabkommen sowie an der Agenda für nachhaltige Entwicklung orientieren. Es braucht im Sinne einer nachhaltigen globalen Strukturpolitik dringend eine gerechte Handelspolitik mit den Ländern des globalen Südens, die regionale Wertschöpfung, regionalen Handel und Integration fördert und ihnen genügend Raum lässt, durch Zölle und Quoten ihre Märkte zu schützen sowie durch Exportsteuern die Ausfuhr heimischer Rohstoffe zu beschränken.

Lieferkettengesetz europäisch umsetzen

Damit Unternehmen künftig Umwelt- und Sozialstandards sowie Menschenrechte entlang der gesamten internationalen Produktions- und Lieferkette durchsetzen, braucht es ein verbindliches und wirksames Lieferkettengesetz auf nationaler wie europäischer Ebene. Auf EU-Ebene werden wir uns zudem für einen Importstopp für Agrarprodukte einsetzen, die im Zusammenhang mit illegaler Entwaldung und Menschenrechtsverletzungen stehen. Weltweit wird Wald mit fortschreitender Geschwindigkeit abgeholzt und abgebrannt. Die EU-Holzhandelsverordnung wollen wir stärken und Strategien zur Reduktion von Palmöl und Soja in Deutschland voran bringen. Zur Kompensation gerodeter Wälder fördern wir hier und weltweit Wiederbewaldung und Renaturierung ohne Monokulturen.

Wir machen die Finanzmärkte stabiler und nachhaltiger

Grüne Finanzmärkte

Wir werden durchsetzen, dass sich die öffentliche Hand vollständig aus Investitionen in fossile Energien zurückzieht. Öffentlich-rechtliche Banken und Pensionsfonds müssen eine Vorreiterrolle bei der grünen Finanzwende einnehmen. Klimarisiken sollen offengelegt und bei Banken und Versicherungen mit Eigenkapital unterlegt werden sowie bei Ratings berücksichtigt werden. Für besonders nachhaltige Finanzprodukte wollen wir ein EU-Label schaffen. So sorgen wir dafür, dass Kapital von schmutzigen in grüne und nachhaltige Investitionen umgelenkt wird.

Saubere Bilanzen am deutschen Kapitalmarkt

Wir wollen, dass Unternehmen in der Regel nach sechs Jahren ihre Wirtschaftsprüfer*in wechseln müssen. Wirtschaftsprüfungsgesellschaften dürfen nicht gleichzeitig Unternehmen beraten, die sie prüfen und sollen nicht vom Unternehmen selbst, sondern von Unabhängigen ausgewählt werden. Sie müssen wirksam staatlich beaufsichtigt werden. Die persönliche Haftung von Entscheider*innen in Unternehmen muss bei Rechtsverstößen tatsächlich wirksam werden. Auch Aufsichtsräte müssen gestärkt und kompetent besetzt werden. Die Vergütung von Vorständen muss sich am langfristigen Unternehmenserfolg statt am kurzfristigen Börsenkurs orientieren.

Eine Finanzaufsicht mit Zähnen

Wir brauchen eine Finanzaufsicht mit Zähnen, die Missstände aufzeigt statt sie zu ermöglichen. Bei Wirecard hat auch die deutsche Finanzaufsicht (BaFin), wie so häufig zuvor, kläglich versagt. Anleger*innen haben im Ergebnis nicht nur ihr Geld, sondern zugleich auch das Vertrauen in den Finanzplatz Deutschland und seine Aufsicht verloren. Für ehrliche Unternehmen wird die Finanzierung so künftig schwieriger und teurer. Kultur und Selbstverständnis der BaFin müssen sich deshalb komplett ändern: Wir wollen eine Finanzpolizei mit umfassenden Prüfungsrechten schaffen, die Informationen mit allen zuständigen Behörden im In- und Ausland austauscht.

Das Bankgeschäft muss wieder langweilig werden

Banken sollen nicht spekulieren, sondern die Realwirtschaft finanzieren. Statt der immer undurchsichtigeren Regulierungsflut wollen wir einfache und harte Regeln. Wir werden die Schuldenbremse für Banken verbindlich machen und schrittweise erhöhen. Das riskante Investmentgeschäft muss vom Einlagen- und Kreditgeschäft getrennt werden. Es braucht eine starke Fusionskontrolle und zu große Banken sollen entflochten werden. Spekulation und Kurzfristorientierung werden wir, unter anderem durch eine europäische Finanztransaktionssteuer mit breiter Bemessungsgrundlage, unattraktiv machen.

Schmutziges Geld einziehen

Wir werden mit einer umfassenden Strategie gegen Geldwäsche vorgehen. Bei allen Gesellschaften, Stiftungen und sonstigen Konstrukten muss umfassende Transparenz über die wirtschaftlich Berechtigten bestehen. Die Finanzaufsicht muss in der Geldwäschebekämpfung eine aktive Rolle spielen, statt Verdachtsmeldungen nur weiterzureichen. Die Zuständigkeit für die Bekämpfung der Geldwäsche soll vollständig auf den Bund übergehen. Illegale Gelder und Vermögenswerte werden wir umfassend abschöpfen. Das Einfrieren von verdächtigen Finanztransaktionen wollen wir erleichtern und die Dauer von Transaktionsverboten verlängern, um die Strafverfolgung zu sichern.

Digitalen Euro einführen

Digitales Bezahlen gewinnt in unserem Alltag stetig an Bedeutung. Es ist bequem, schnell und kontaktlos und soll noch sicherer werden. Wir wollen, dass die Europäische Zentralbank (EZB) einen digitalen Euro schafft. Sie gewährleistet dabei Daten- und Rechtssicherheit für Verbraucher*innen und Unternehmen und wirkt ungerechtfertigten Kosten durch Oligopole entgegen. Eine Aushöhlung des Geld- und Währungsmonopols durch private Währungen *lehnen wir strikt ab. Bei allen digitalen Zahlungen und Kryptowährungen müssen die tatsächlichen wirtschaftlich Berechtigten analog zu Regelungen beim Bargeld ab einer gewissen Schwelle ermittelt werden.*

Wir vollenden die Europäische Wirtschafts- und Währungsunion

In Europas Zukunft investieren

Wir werden in der EU konsequent in Klimaschutz, Digitalisierung, Forschung und Bildung investieren. Dafür weiten wir den EU-Haushalt deutlich aus und statten ihn mit eigenen Einnahmen aus. Die Besteuerung von Plastik und Digitalkonzernen und möglichst auch der Finanztransaktionen soll den EU-Haushalt stärken. Den neu geschaffenen Wiederaufbaufonds verstetigen wir, integrieren ihn fest in den EU-Haushalt, ermöglichen so eine demokratische Kontrolle und nutzen ihn auch dauerhaft, um in wichtige Zukunftsbereiche zu investieren.

Währungsunion vollenden, Europa krisensicher aufstellen

Wir wollen dafür Sorge tragen, dass die EU ein Instrument für eine dauerhafte, eigene Fiskalpolitik erhält. Der Europäische Stabilitätsmechanismus wird zu einem europäischen Währungsfonds weiterentwickelt. In ihm erhalten die Länder eine nicht konditionierte kurzfristige Kreditlinie. So wird Spekulation gegen einzelne Staaten schon im Vorfeld abgewendet. Die Bankenunion wird durch eine gemeinsame Einlagensicherung als Rückversicherung vollendet, damit ein Euro überall gleich viel wert ist. Durch eine gemeinsame Fiskalpolitik entlasten wir die Zentralbank und sorgen dafür, dass sie künftige Brände nicht wieder alleine löschen muss.

Euro zur Leitwährung machen

Wir wollen, dass sich der Euro zu einer glaubwürdigen, internationalen Leitwährung entwickelt, damit Europa seine Souveränität bewahrt und ausbaut. Langfristig soll ein starker und stabiler Euro seinen Platz in einem kooperativen globalen Weltwährungssystem finden. Der Euro ist ein wesentlicher Baustein einer umfassenden Strategie, die europäische Werte auf der globalen Ebene stärkt und durchsetzt. In Zukunftsmärkten, wie Investitionen in Klimaschutz, soll der Euro das internationale Zahlungsmittel werden.

Wir haushalten solide, weitsichtig und gerecht

Bundeshaushalt wird zukunftstauglich

Wir wollen den Bundeshaushalt nachhaltiger und gerechter machen. Nachhaltiger wird er, wenn wir die umweltschädlichen Subventionen endlich beenden. In einem ersten Schritt können wir so über 10 Milliarden Euro jährlich einnehmen, und sie für die Finanzierung von Klimaschutz und sozialer Gerechtigkeit einsetzen. Für die Ausgaben des Bundes streben wir eine Klimaquote an, die schrittweise steigen soll. Zur Finanzierung dieser nachhaltigen Ausgaben setzen wir auf grüne Anleihen.

Sorgsamer Umgang mit Steuergeld

In den vergangenen Jahren wurde im großen Umfang Geld im Bundeshaushalt verschwendet. Die PKW-Maut war ein Desaster mit Ansage. Das Verteidigungsministerium hat Millionen in teure Beraterverträge versenkt. Schlecht gemachte öffentlich-Private-Partnerschaften (ÖPP) haben sich für die privaten Unternehmen als lukrativ und für die Steuerzahler*innen als teuer erwiesen. Wir werden sorgsam mit dem Geld der Steuerzahler*innen umgehen. Wir werden künftig Transparenz herstellen und ÖPP-Verträge veröffentlichen. Infrastruktur wird die öffentliche Hand künftig wieder selbst finanzieren.

Schuldenbremse reformieren, Investitionsregel einführen

Wir investieren zu wenig in unser Land. Das sind Schulden, die nicht in den Büchern stehen, aber unseren Wohlstand gefährden. Wir wollen die Schuldenbremse im Grundgesetz zeitgemäß gestalten – um die so dringenden Investitionen zu ermöglichen. Bei Investitionen, die neues öffentliches Vermögen schaffen, erlauben wir eine begrenzte Kreditaufnahme. So schaffen wir öffentliches Vermögen, das uns allen gehört, denn die Rendite öffentlicher Investitionen ist hoch, während der Bund keine Zinsen für seine Kredite bezahlt. Das schafft ein hohes und nachhaltiges Wirtschaftswachstum, das sicherstellt, dass unsere Schulden im Verhältnis zur Wirtschaftskraft weiter abnehmen.

Mehr Steuergerechtigkeit schaffen

Steuern sind die Grundlage für die Finanzierung unseres Gemeinwesens. Ziel ist, dass alle einen fairen Beitrag leisten. Heute aber tragen die obersten 10 Prozent der Einkommen über Steuern und Abgaben relativ weniger bei als die mittleren Einkommen. Das ändern wir, indem wir den Grundfreibetrag der Einkommensteuer erhöhen, um kleine und mittlere Einkommen zu entlasten. Im Gegenzug wollen wir den Spitzensteuersatz moderat anheben. Ab einem Einkommen von 100.000 Euro für Alleinstehende und 200.000 Euro für Paare wird eine neue Stufe mit einem Steuersatz von 45% eingeführt. Ab einem Einkommen von 250.000 bzw. 500.000 Euro folgt eine weitere Stufe mit einem Spitzensteuersatz von 48%. Zusätzlich werden hohe Managergehälter oberhalb von 500.000 Euro nicht mehr zum Abzug als Betriebsausgaben zugelassen. Mit der immer stärker steigenden Ungleichheit finden wir uns nicht ab, sondern wollen große Vermögen nach der Coronakrise wieder besteuern. Die Einführung einer neuen Vermögensteuer für die Länder ist unser bevorzugtes Instrument. Die Länder sollten die Einnahmen dieser Steuer für die Finanzierung der wachsenden Bildungsaufgaben einsetzen. Die Vermögensteuer sollte für Vermögen oberhalb von zwei Millionen Euro pro Person gelten und jährlich ein Prozent betragen.

Konsequent gegen Steuerhinterziehung und -vermeidung vorgehen

Jedes Jahr verlieren die Steuerzahler*innen hohe Milliardenbeträge durch Steuerhinterziehung und aggressive Steuervermeidung. Wir wollen mit einer umfassenden Strategie dagegen vorgehen. Zusätzlich zur bestehenden Steuerpflicht nach dem Wohnsitz wird eine Steuerpflicht auch nach der Nationalität eingeführt, um rein steuerlich motivierte Wohnsitzwechsel zu verhindern. Die Steuerverwaltung muss deutlich gestärkt werden. Um Vollzugsdefizite bei der Bekämpfung von Steuervermeidung großer Konzerne und reicher Bürger*innen zu beheben, schaffen wir eine Spezialeinheit auf Bundesebene. Steuerhinterziehung ahnden wir härter, die Umgehung der Grunderwerbsteuer muss endlich unterbunden werden.

Konzerne angemessen besteuern

Wir wollen dafür sorgen, dass Konzerne ihre Gewinne, Umsätze und Steuerzahlungen nach Ländern umfänglich öffentlich machen müssen, und setzen uns für eine ambitionierte Ausgestaltung eines solchen Reporting auf europäischer Ebene ein. In Europa führen wir eine gemeinsame Bemessungsgrundlage für die Unternehmenssteuern und einen Mindeststeuersatz von mittelfristig 25 Prozent ohne Ausnahmen ein. Google, Facebook und Co. werden mit einer Digitalkonzernsteuer endlich angemessen besteuert. Wir setzen uns dafür ein, auch in Steuerfragen zu Mehrheitsentscheidungen in der EU überzugehen.

Kapitel 3: Solidarität sichern

Wir fördern Kinder, Jugendliche und Familien

Kinder in den Mittelpunkt

Starke Kinderrechte müssen entlang der Grundprinzipien der UN-Kinderrechtskonvention ins Grundgesetz. Werdende Demokrat*innen brauchen Mitmach- und Medienkompetenz sowie politische Bildung, die wir in Kitas, Schulen und Jugendhilfe konzeptionell und finanziell stärken. Beim Aufbau oder der Auswahl von Angeboten im Sozialraum, bei allen Bau- und Wohnumfeldmaßnahmen, die Kinder und Jugendliche betreffen, werden wir sie beteiligen, ihr Wohl sichern und dies im Baugesetzbuch berücksichtigen.

Eine Kindergrundsicherung gegen Kinderarmut

Mit der Kindergrundsicherung wollen wir Familien stärken: Wir wollen Kindergeld, Kinderzuschlag, das Sozialgeld für Kinder und die Bedarfe für Bildung und Teilhabe in eine neue eigenständige Leistung zusammenzufassen. Mit der Kindergrundsicherung bekommt jedes Kind einen festen Garantie-Betrag, Kinder in Familien mit geringen oder gar keinem Einkommen bekommen zusätzlich noch einen GarantiePlus-Betrag. Je niedriger das Familieneinkommen, desto höher der GarantiePlus-Betrag. Die Kindergrundsicherung verbinden wir mit einer Neuermittlung dessen, was Kinder zum Leben brauchen.

Kinder- und Jugendhilfe für alle Kinder

Wir wollen für besser ausgestattete Jugendämter und Entlastung der Fachkräfte sorgen. Mit einem Bundesinklusionsgesetz stellen wir sicher, dass alle Angebote der Kinder- und Jugendhilfe künftig so ausgestaltet sind, dass sie sich auch an Kinder und Jugendliche mit Behinderungen und ihre Eltern richten. Die Länder und Kommunen, die bereits vor Umsetzung des Bundesinklusionsgesetzes alle Kinder unter dem Dach der Jugendhilfe vereinen wollen, werden wir mit einem Bundesmodellprogramm unterstützen.

Teilhabe und Schutz in der digitalen Welt

Wir stärken die Digitale Bildung als Gemeinschaftsaufgabe von Eltern, Kitas, Schulen und der Jugendhilfe, mit Fortbildungen für Fachkräfte und Unterstützungsangeboten für Eltern. Kinder in Familien im Hartz-IV oder Kinderzuschlags-Bezug sollen für die Schule einen Laptop erhalten. Kinder und Jugendliche brauchen im Netz besonderen Schutz vor Straftaten wie Hassrede, Cybergrooming oder sexualisierter Gewalt, dem Mobbing im Netz wollen wir einen Riegel vorschieben. Dafür setzen wir auf eine Präventionsstrategie, mit

verpflichtenden sicheren Voreinstellungen für Plattformen und leicht auffind-
baren Beschwerdemöglichkeiten.

Kinder vor sexualisierter Gewalt schützen
Gegen sexualisierte Gewalt gegen Kinder gehen wir hart vor – mit starker Prä-
vention, konsequenter Strafverfolgung und einem Maßnahmenpaket zur Qua-
litätssicherung und zum Kinderschutz in familiengerichtlichen Verfahren. Um
Taten zu verhindern braucht es Aufklärung, Qualifizierung und gelebte
Schutzkonzepte. Basiswissen über Kinderrechte gehören in die Curricula für
Jura, Medizin, Pädagogik und Polizei. Die wichtige Arbeit des Unabhängigen
Beauftragten für Fragen des sexuellen Kindesmissbrauchs werden wir dauer-
haft absichern. Wir werden bundesweit spezialisierte Fachberatungsstellen
und telefonische sowie Online-Beratungsangebote finanziell absichern.

Mehr Zeit für Familien
Mit der KinderZeit Plus wollen wir das Elterngeld auf 24 Monate ausweiten:
pro Elternteil je acht Monate, weitere acht Monate können flexibel unterei-
nander aufgeteilt werden. Sie kann bis zum 14. Geburtstag des Kindes genom-
men werden, denn auch bei älteren Kindern kann mehr Aufmerksamkeit nötig
sein. Niemand soll sich zwischen Kind und Job entscheiden müssen, darum soll
der Anspruch auf ein Kinderkrankengeld auf 15 Tage im Jahr pro Kind und
Elternteil steigen, Alleinerziehende bekommen 30 Tage. Für die besondere
Zeit direkt nach der Geburt wollen wir neben dem Mutterschutz auch für den
zweiten Elternteil eine 14-tägige Freistellung einrichten.

Alleinerziehenden den Rücken stärken
Mit der Neuermittlung der Mindestbedarfe von Kindern steigt auch der Min-
destunterhalt. Und anders als beim heutigen Kindergeld soll nur die Hälfte auf
den Unterhaltsvorschuss angerechnet werden. Nach einer Trennung soll es bei
der Betreuung nicht zusätzlich knirschen, darum werden Mehrkosten für die
Ausübung des Umgangs, egal nach welchem Modell, angemessen berücksich-
tigt. Für Eltern im Grundsicherungsbezug wollen wir einen Umgangsmehrbe-
darf einführen. Es gilt, familienunterstützende Dienstleistungen zu fördern.

Absicherung für alle Familienformen
Familien sind vielfältig und diese Vielfalt muss ein modernes Familienrecht
auch abbilden. Mit der Weiterentwicklung des Kleinen Sorgerechts hin zu ei-
ner elterlichen Mitverantwortung geben wir allen Beteiligten mehr Sicherheit.
Zwei-Mütter-Familien sollen nicht mehr durch das langwierige

Stiefkindadoptionsverfahren müssen, wir wollen das Abstammungsrecht reformieren, so dass die Co-Mutter automatisch als zweites rechtliches Elternteil gilt. Mit dem Pakt für das Zusammenleben werden wir außerdem eine neue Rechtsform schaffen, die das Zusammenleben zweier Menschen, die füreinander Verantwortung übernehmen, unabhängig von der Ehe rechtlich absichert.

Wir sorgen für gute Arbeit und faire Löhne

Mindestlohn anheben

Den gesetzlichen Mindestlohn werden wir sofort auf 12 Euro anheben. Für weitere Erhöhungen soll die Mindestlohnkommission den Auftrag bekommen, dass der Mindestlohn wirksam vor Armut schützen und mindestens der Entwicklung der Tariflöhne entsprechen muss. Leiharbeiter*innen sollen von dem ersten Tag an den gleichen Lohn für gleiche Arbeit bekommen wie Stammbeschäftigte – plus Flexibilitätsprämie. Ohne sachlichen Grund dürfen Arbeitsverträge nicht mehr befristet werden. Gegen den vielfachen Missbrauch von Werkverträgen und die Abwälzung unternehmerischer Verantwortung mittels Subunternehmerketten gehen wir ordnungspolitisch vor.

Vollbeschäftigung schaffen

Wir wollen die Beschäftigung weiter erhöhen und damit auch verhindern, dass Corona langfristige Spuren am Arbeitsmarkt hinterlässt. Der deutsche Arbeitsmarkt war in den letzten Jahren gespalten: Fachkräftemangel und deutliche Lohnsteigerungen für Hochqualifizierte in einigen Branchen, prekäre Beschäftigung, unfreiwillige Teilzeit und stagnierende Reallöhne in anderen. Dem wollen wir mit einer sozial gerechten Arbeitspolitik entgegentreten.

Sozialpartnerschaft stärken, Tarifbindung erhöhen

Tarifverträge und starke Mitbestimmung müssen wieder für mehr Beschäftigte und Betriebe gelten. Bei der öffentlichen Vergabe sollen die Unternehmen zum Zug kommen, die tarifgebunden sind oder mindestens Tariflöhne zahlen. Dafür setzen wir auf ein Bundestariftreuegesetz. Zudem wollen wir es leichter machen, Tarifverträge für allgemeinverbindlich zu erklären, damit sie für alle in einer Branche gelten. Betriebsräte, die sich für Mitarbeiter*innen einsetzen und Beschäftigte, die erstmalig einen Betriebsrat gründen, brauchen mehr Schutz.

Selbstbestimmter Arbeiten, digitale Chancen nutzen

In der Corona-Krise wurde das Arbeiten von Zuhause zu einer weit verbreiteten Erfahrung, für viele verbunden mit mehr Eigenständigkeit und weniger

Stress – für andere eine echte Belastungsprobe. Die Möglichkeit zur Selbstbestimmung im Arbeitsleben wollen wir daher erhalten und stärken, indem wir ein Recht auf Homeoffice einführen und mit Blick auf betriebliche Möglichkeiten, aber auch mit strikten Schutzkriterien versehen. Ein Arbeitsplatz im Unternehmen muss aber ebenfalls allen zur Verfügung stehen.

Mehr Freiraum bei der Arbeitszeit
Kürzere Arbeitszeiten können eine Chance sein, Arbeit gerechter zu verteilen, Arbeitsplätze zu sichern und Arbeitnehmer*innen entlasten. Wir wollen Beschäftigte in der Pflege mit besseren Arbeitsbedingungen unterstützen und deshalb die 35-Stunden-Woche einführen. Darüber hinaus wollen wir die Möglichkeiten aller Arbeitnehmer*innen, selbst flexibler über die eigene Arbeitszeit zu bestimmen. Dafür wollen wir die starre Vollzeit zu einer Wahlarbeitszeit zwischen 30 und 40 Stunden bei flexiblem Arbeitszeitkorridor umgestalten.

Arbeitsversicherung stärkt Chancen
Wir wollen die Arbeitslosenversicherung zu einer Arbeitsversicherung umbauen mit Rechtsanspruch auf Weiterbildung und die Stärkung der beruflichen Qualifikation. Überall dort, wo es eine Arbeitsagentur gibt, sollen Bildungsagenturen zentrale Anlaufstellen werden. Den Zugang zur Arbeitsversicherung werden wir deutlich erleichtern und bereits ab vier Monaten sozialversicherungspflichtiger Beschäftigung einen Anspruch auf Arbeitslosengeld einführen. Damit selbständige Berufstätigkeit sozial besser abgesichert ist, vereinfachen wir den Zugang zur freiwilligen Arbeitslosenversicherung und schaffen eine Zugangsmöglichkeit für alle Selbständigen auch mit Wahltarifen.

Besserer Schutz bei online vermittelter Arbeit
Arbeitsrecht und Arbeitsschutz müssen an die Onlinewelt angepasst werden. Wir wollen Scheinselbständigkeit verhindern, indem wir für mehr Rechts- und Planungssicherheit sorgen. Wenn der Auftragnehmer einer Plattform angibt, einen Arbeitnehmerstatus zu haben, soll künftig der Auftraggeber*in beweisen, dass dem nicht so ist. Arbeitnehmerähnliche Personen und Solo-Selbständige, die für Plattformen tätig werden, sollen sich leichter tariflich organisieren können, und branchenspezifisch sollen weitere verbindliche Honoraruntergrenzen vereinbart werden können.

Faire Arbeitsbedingungen für Beschäftigte aus europäischen Nachbarstaaten

Wir wollen, dass alle Beschäftigte – egal, wie lange sie hier arbeiten – genauso gut bezahlt und abgesichert sind wie ihre deutschen Kolleg*innen. Dafür braucht es ein wirksames Vorgehen gegen Schwarzarbeit und Scheinselbstständigkeit, ein Verbandsklagerecht der Gewerkschaften, eine europäische Sozialversicherungsnummer, höhere Mindeststandards für Unterkünfte von entsandten Beschäftigten, eine bessere Regulierung der Vermittlungsagenturen und mehr Kontrolle durch eine gestärkte Europäische Arbeitsbehörde. Arbeitnehmer*innen aus anderen EU-Staaten müssen besser über ihre Rechte informiert werden.

Wir schaffen Gerechtigkeit zwischen den Geschlechtern

Gleicher Lohn für gleichwertige Arbeit

Wir werden ein effektives Entgeltgleichheitsgesetz einführen, das auch für kleine Betriebe gilt und die Unternehmen verpflichtet, über die Bezahlung von Frauen und Männern und über ihre Maßnahmen zum Schließen des eigenen Pay Gaps zu berichten. Dieses Gesetz muss auch ein wirksames Verbandsklagerecht enthalten. Wir werden Tarifpartner*innen und Unternehmen verpflichten, alle Lohnstrukturen auf Diskriminierung zu überprüfen. Wir setzen uns dafür ein, dass Berufe, die vor allem von Frauen ausgeübt werden, eine höhere Wertschätzung erfahren als bisher, zum Beispiel in Form besserer Arbeitsbedingungen, besserer Bezahlung oder besserer Vereinbarkeit.

Wirtschaftliche Unabhängigkeit von Frauen stärken

Wir wollen für eine eigenständige Absicherung in allen Lebensphasen sorgen – von der Berufswahl bis zur Rente. Minijobs, mit Ausnahmen für Studierende, Schüler*innen und Rentnern*innen, wollen wir in sozialversicherungspflichtige Beschäftigung überführen und Regelungen für haushaltsnahe Dienstleistungen schaffen. Die gläserne Decke, die Frauen am Aufstieg hindert, können wir auch durch eine kluge Zeitpolitik durchbrechen, die es auch Partner*innen erleichtert, Verantwortung in der Familie zu übernehmen und Arbeit geschlechtergerecht aufzuteilen. Wir schaffen ein echtes Rückkehrrecht auf Vollzeit, das auch für kleinere Betriebe gilt.

Gleichberechtigung auch bei der Steuer

Das deutsche Steuerrecht ist ungerecht, weil es Ehen privilegiert, Alleinerziehende und nicht verheiratete Paare außen vorlässt, die Erwerbstätigkeit von Frauen hemmt und Frauen gleichzeitig nicht wirklich absichert.

Alleinerziehende, die heute am stärksten von Armut betroffen sind entlasten wir mit einer Steuergutschrift. Für neu geschlossene Ehen wollen wir eine individuelle Besteuerung mit übertragbarem Grundfreibetrag einführen. Bei der Lohnsteuer soll die heute über Gebühr belastete Zweitverdiener*in entlastet werden, indem das Faktorverfahren zur Regel wird und die Steuerklasse 5 für Zuverdiener*innen abgeschafft. Gleichberechtigte Lebensentwürfe sollen nicht länger benachteiligt werden. Zugleich stärken wir mit der Kindergrundsicherung Familien.

Wir sichern die sozialen Netze

Garantiesicherung statt Hartz IV

Wir ollen Hartz IV überwinden und ersetzen es durch eine Garantiesicherung – eine Mindestsicherung, die nicht stigmatisiert und durch die Abschaffung der bürokratischen Sanktionen Raum und Zeit in den Jobcentern schafft. Dafür wollen wir die Regelsätze schrittweise anheben, so dass sie das soziokulturelle Existenzminimum verlässlich sicherstellen. Die Anrechnung von Einkommen werden wir attraktiver gestalten, sodass zusätzliche Erwerbstätigkeit auch in Teilzeit zu einem spürbar höheren Einkommen führt. Die Leistungen der Garantiesicherung wollen wir schrittweise individualisieren. Vermögen werden künftig unbürokratischer und mit Hilfe einer Selbstauskunft geprüft.

Selbstbestimmung und gleichberechtigte Teilhabe für Menschen mit Behinderungen

Menschen mit Behinderungen haben ein Recht darauf, gleichberechtigt wohnen, lernen und arbeiten zu können und dafür die Unterstützung zu wählen, die sie dafür brauchen. Wir wollen einen inklusiven Arbeitsmarkt schaffen und dafür Arbeitgeber*innen, die Menschen mit Behinderungen beschäftigen, besser unterstützen, den Wechsel von Werkstätten in den allgemeinen Arbeitsmarkt fördern und Menschen, die das Budget für Arbeit nutzen, in der Arbeitslosenversicherung absichern. Ziel ist, das Bundesteilhabegesetz weiterzuentwickeln und Teilhabe zu garantieren.

Gemeinsame soziale Mindeststandards in der EU

Wir machen uns für eine europäische Grundsicherungsrichtlinie stark, die soziale Mindeststandards für jedes Land festlegt, angepasst an die jeweilige ökonomische Situation. Länderspezifische Mindestlöhne sollen überall in Europa dafür sorgen, dass Menschen von ihrer Arbeit leben können. Wir wollen die europäischen Betriebsräte stärken und die paritätische Mitbestimmung in den Kontroll- und Leitungsorganen europäischer Unternehmen ausbauen, die mehr als 1.000 Beschäftigte haben. Unser langfristiges Ziel ist, dass die in der

Europäischen Grundrechtecharta verankerten sozialen Rechte als Grundrechte gegenüber den Mitgliedstaaten vor dem Europäischen Gerichtshof einklagbar sind.

Eine verlässliche Alterssicherung für alle

Um das Rentenniveau zu sichern wollen wir die Frauenerwerbstätigkeit unter anderem durch ein Rückkehrrecht in Vollzeit erhöhen, ein echtes Einwanderungsgesetz schaffen und die Beschäftigungssituation älterer Arbeitnehmer*innen verbessern. Bei Bedarf sollen dafür die Steuerzuschüsse erhöht werden. In einem ersten Schritt zu einer Bürgerversicherung sorgen wir dafür, dass anderweitig nicht abgesicherte Selbständige und Abgeordnete in die gesetzliche Rentenversicherung aufgenommen werden. Um Altersarmut zu verhindern, werden wir die Grundrente reparieren und zu einer echten Garantierente weiterentwickeln.

Ein Bürgerfonds für die Rente

Wir wollen die Riesterrente durch einen öffentlich verwalteten Bürgerfonds ersetzen und in diesen überführen. Dadurch profitieren die Menschen am Wertezuwachs der Wirtschaft. Der Fonds kann langfristig orientiertes Eigenkapital für die Wirtschaft bereitstellen. In den Bürgerfonds zahlen alle ein, die nicht aktiv widersprechen. So wird ein Volumen geschaffen, das die Verwaltungskosten geringhält, die Risiken breit streut und auf teure Garantien verzichten kann. Der Bürgerfonds wird politisch unabhängig verwaltet und investiert nachhaltig und langfristig. Alle Arbeitgeber*innen sollen künftig eine betriebliche Altersvorsorge anbieten und können den Bürgerfonds als Standard dafür nutzen.

Wir geben Gesundheit und Pflege einen neuen Wert

Vorsorge zum Leitprinzip

Für eine gesunde Gesellschaft braucht es eine Politik, die vorsorgt, die die Ursachen von Krankheiten bekämpft und vorausschauend handelt. Statt nur auf die nächste Krise zu reagieren sollen in Zukunft durch gemeinsame Gesundheitsziele und eine Ausweitung der Gesundheitsberichterstattung Krankheitsursachen und der Stand der gesundheitlichen Versorgung in den Blick genommen werden. Um uns gegen klimawandelbedingte Hitzewellen zu wappnen, werden wir einen Sonderfonds zur Umsetzung von Hitzeaktionsplänen etablieren.

Für Pandemien gewappnet sein

Um Pandemien zukünftig effektiv und nachvollziehbar zu bekämpfen, sollen Stufen zur Eindämmung von Pandemien im Infektionsschutzgesetz definiert, Pandemieschutzpläne aktualisiert und ein unabhängiger und interdisziplinärer Pandemierat eingerichtet werden. Wir investieren in Gesundheitsforschung, zum Beispiel bei Medikamenten oder der Entwicklung neuer Testverfahren. Auch die Produktion von Medikamenten und Medizinprodukten soll vorangetrieben, die Versorgung zum Beispiel mit Atemschutzmasken durch eigene Produktionsstandorte sichergestellt werden. Wir setzen uns für den zügigen Aufbau von HERA ein, einer europäischen Behörde, die künftig staatliche und privatwirtschaftliche Aktivitäten besser koordinieren soll.

Gesundheitsämter stärken

Unser Ziel ist es, im Zusammenspiel zwischen den Gesundheitsämtern, universitären Strukturen der öffentlichen Gesundheitsfürsorge und einem neu zu schaffenden Bundesinstitut für Gesundheit gemeinsam eine starke Säule der öffentlichen Gesundheitsfürsorge aufzubauen. Bisher sind die Gesundheitsämter chronisch unterfinanziert und unterbesetzt, die personelle und technische Ausstattung muss dauerhaft verbessert werden. Wir wollen deshalb, dass Bund und Länder gemeinsam dafür sorgen, dass künftig 1 Prozent der gesamten Gesundheitsausgaben in den Öffentlichen Gesundheitsdienst fließen.

Gute gesundheitliche Versorgung in Stadt und Land

Um die Versorgung in Stadt und Land zu stärken wollen wir, dass ambulante und stationäre Angebote in Zukunft übergreifend geplant werden und Gesundheitsregionen mit enger Anbindung an die Kommunen gefördert werden. Gleichzeitig wollen wir die interdisziplinäre Zusammenarbeit zwischen den Gesundheitsberufen stärken und dafür insbesondere die Einrichtung von kommunalen Gesundheitszentren unterstützen, in denen alle Gesundheitsberufe auf Augenhöhe zusammenarbeiten. Die Arbeitsbedingungen in und die Vergütung von Therapieberufen müssen dringend ihrer wichtigen Rolle im Gesundheitswesen angepasst, das Schulgeld für diese Ausbildungen abgeschafft werden.

Krankenhäuser nach gesellschaftlichem Auftrag finanzieren

Kliniken sollen in Zukunft nicht mehr nur nach Fallzahl, sondern auch nach ihrem gesellschaftlichen Auftrag finanziert werden. Dafür braucht es ein neues Finanzierungssystem. Wir werden eine Säule der Strukturfinanzierung einführen und den verbleibenden fallzahlabhängigen Vergütungsteil reformieren. Bund und Länder werden die Investitionskosten in Zukunft gemeinsam tragen. Der Bund soll dafür in Zukunft die Möglichkeit haben, gemeinsame bundesweite Grundsätze in der Krankenhausplanung zu definieren. Welche Angebote es vor Ort gibt, darf nicht davon abhängen, was sich rentiert, sondern soll sich danach richten, was nötig ist.

Notfallversorgung reformieren
Die Notrufleitstellen der Nummern 112 und 116117 müssen organisatorisch zusammengeführt werden. Auch wollen wir, dass Notaufnahmen gerade nachts und am Wochenende beispielsweise durch kompetente Hausärztinnen und Hausärzte so unterstützt werden, dass auch weniger ernste Fälle gut versorgt werden können. Durch einheitliche Stufen und Vorgaben zur Notfallversorgung, wollen wir sicherstellen, dass Menschen in Not, in der Stadt und auf dem Land, stets die erwartbare Hilfe auch verlässlich vorfinden.

Psychotherapieplätze schaffen
Wer eine psychische Erkrankung hat, braucht schnelle und leicht zugängliche Hilfen. Wir wollen deshalb ambulante Psychotherapieplätze durch mehr Kassenzulassungen von Psychotherapeut*innen schaffen. Es braucht eine gemeindenahe und personenzentrierte Versorgung und eine verbesserte sektorübergreifende Zusammenarbeit. Hilfsangebote zwischen ambulanter und stationärer Behandlung müssen flexibler werden. Angehende Psychotherapeut*innen müssen endlich unter guten Bedingungen ausgebildet werden.

Geburtshilfe verbessern, Gesundheit von Frauen stärken
Geschlechtsspezifische Aspekte in Forschung und Ausbildung und in der medizinischen Praxis werden nicht ausreichend berücksichtigt, etwa bei der Medikamentenforschung. Das gefährdet die Gesundheit von Frauen wie auch von Trans- und Inter* Menschen. Die Forschung zu geschlechtsspezifischer Medizin und Pflege sowie Frauengesundheit muss gestärkt und in der medizinischen und pflegerischen Praxis umgesetzt werden.

Zugang zum Gesundheitssystem sichern, Diskriminierung beenden
Menschen mit Behinderungen erhalten häufig nicht alle dringend benötigten Gesundheitsleistungen, Hilfsmittel oder häusliche Pflege und werden so in ihrer Teilhabe beschränkt. Mit einem ressortübergreifenden Inklusionsplan wollen wir diese Hürden abbauen, Gesundheitsleistungen auf die jeweiligen Bedarfe gezielt ausrichten und bürokratische Vorgänge reduzieren. Auch für LSBTIQ* muss diskriminierungsfreie Gesundheitsversorgung gesichert sein.

Die bestehenden Lücken beim Verbot sogenannter „Konversionstherapien" werden wir schließen. Die Blutspende gestalten wir diskriminierungsfrei. Menschen, die ohne Papiere in Deutschland leben, müssen ebenfalls Zugang zu guter gesundheitlicher Versorgung haben.

Auf dem Weg zur Bürgerversicherung für Gesundheit und Pflege

Unser Ziel ist eine solidarisch finanzierte Bürgerversicherung, in der jede*r unabhängig vom Einkommen die Versorgung bekommt, die er oder sie braucht. Die Bürgerversicherung bezieht alle in die Finanzierung eines leistungsstarken Versicherungssystems ein – auch Beamte, Selbständige, Unternehmer*innen und Abgeordnete. Neben Löhnen und Gehältern sollen Beiträge auf Kapitaleinkommen erhoben werden.

Digitalisierung verbessert Gesundheitsversorgung

Wir wollen die Chancen der Digitalisierung ob Robotik zur Unterstützung in der Pflege, Telemedizin oder die elektronische Patientenakte nutzen, um das Gesundheitssystem zukunftsfähig zu machen. Gesundheitsdaten sollen anonymisiert der Forschung zur Verfügung gestellt werden, um die Gesundheitsversorgung in Deutschland zu verbessern.

Ambulante Pflege stärken

Gerade in einer alternden Gesellschaft braucht es überall vielfältige pflegerische Angebote. Es sind mehr ambulante Wohn- und Pflegeformen nötig – eingebettet in ein Umfeld, das ältere Menschen dabei unterstützt, aktiv am gesellschaftlichen Leben teilzuhaben. Dafür wollen wir die rechtlichen Rahmenbedingungen für Quartierspflege schaffen und den Kommunen ermöglichen, eine verbindliche Pflegebedarfsplanung vorzunehmen, um das Angebot an Pflege vor Ort zu gestalten. Wir wollen Menschen, die Verantwortung für Angehörige, Nachbar*innen oder Freund*innen übernehmen, mit der PflegeZeit Plus unterstützen.

Eine doppelte Pflegegarantie

Wir wollen, dass Pflegebedürftige die für sie notwendigen Pflegeleistungen erhalten, ohne von Armut bedroht zu werden. Mit einer doppelten Pflegegarantie wollen wir die Eigenanteile schnell senken und dauerhaft deckeln. Die Pflegeversicherung soll alle über diesen Betrag hinausgehenden Kosten für eine bedarfsgerechte Pflege tragen. Mit einer solidarischen Pflege-Bürgerversicherung wollen wir dafür sorgen, dass sich alle mit einkommensabhängigen Beiträgen an der Finanzierung des Pflegerisikos beteiligen.

Pflege aus dem Notstand führen, Arbeitsbedingungen im Gesundheitswesen verbessern

Pflegekräfte brauchen mehr Zeit für die Patient*innen und gute Arbeitsbedingungen. Wir wollen durch verbindliche Personalbemessung – auch in der Langzeitpflege – die bessere Vereinbarkeit von Beruf und Familie, mehr eigenverantwortliche Arbeit von Fachkräften und die Einführung der 35-Stunden-Woche in der Pflege gute Arbeitsbedingungen schaffen. Die Ausnahmen im Arbeitszeitgesetz für den Gesundheitsbereich wollen wir beschränken. Die gesetzliche Pflegeversicherung wollen wir verpflichten, nur noch mit Anbietern zusammenzuarbeiten, die nach Tarif bezahlen. Die Selbstorganisation und Einflussmöglichkeiten der professionellen Pflege wollen wir durch den Aufbau einer Bundespflegekammer unterstützen.

Ein Cannabiskontrollgesetz

Das Verbot von Cannabis richtet mehr Schaden an als dass es nützt. Wir setzen auf wirksame Prävention, auf Entkriminalisierung und Selbstbestimmung. Mit einem Cannabiskontrollgesetz werden wir das bestehende Cannabisverbot aufheben und einen kontrollierten und legalen Verkauf von Cannabis in lizenzierten Fachgeschäften ermöglichen. Darüber hinaus wollen wir niedrigschwelliges Drugchecking für psychoaktive Substanzen und andere Maßnahmen zur Schadensminimierung wie die Ausgabe sauberer Spritzen bundesweit ermöglichen. Das heutige Betäubungsmittelrecht evaluieren wir auf seine Wirkungen hin.

Wir schaffen bezahlbaren Wohnraum

Ein Recht auf Wohnen ins Grundgesetz

Wohnen ist ein Recht. Aber es wird immer schwieriger, Wohnungen zu finden. Und die Mieten und Immobilienpreise steigen vielerorts immer noch weiter. Es gilt zu handeln, damit gerade auch Familien und Alleinerziehende, Studierende, Menschen mit Behinderungen, ältere Menschen oder Geringverdiener*innen nicht in Bedrängnis geraten. Wir wollen das Recht auf Wohnen ins Grundgesetz aufnehmen. Knapp 700.000 Menschen sind derzeit wohnungslos in Deutschland, mehr und mehr Familien. Um diesen Zustand zu beenden, wollen wir ein Nationales Aktionsprogramm zur Vermeidung und Bewältigung von Wohnungs- und Obdachlosigkeit auflegen.

Krisenbedingte Wohnungsverluste verhindern

Wir wollen Mieter*innen entlasten und vor einem krisenbedingten Verlust der eigenen Wohnung bewahren. Die Möglichkeit, die Miete nachzahlen zu können, soll Zwangsräumungen verhindern. Bei krisenbedingten Einkommensausfällen soll ein Programm der KfW Bank („Sicher-Wohnen-Fonds") eine finanzielle Unterstützung von Mieter*innen sicherstellen. Vermieter*innen, die auf diese Mietzahlungen angewiesen sind, sollten dann eine staatliche Unterstützung erhalten.

Neue Gemeinnützigkeit für sozialen Wohnraum
Wir werden die Mittel für den sozialen Wohnungsbau deutlich erhöhen und verstetigen und die Kommunen unterstützen, ihre bestehenden Wohnungsgesellschaften zu stärken und neue zu gründen. Mit einem Bundesprogramm „Neue Wohngemeinnützigkeit" wollen wir für eine Million zusätzliche, günstige Mietwohnungen in den Ballungsräumen sorgen, sicher und auf Dauer. Die noch vorhandenen bundeseigenen Bestände sollen nicht mehr an private Investoren veräußert, sondern ausschließlich verbilligt an Kommunen mit einer dauerhaften Sozialbindung abgegeben werden. So wollen wir in den nächsten 10 Jahren den Bestand an Sozialwohnungen um eine Million erhöhen.

Starke Mieter*innen, faire Mieten
Unser Ziel sind faire und bezahlbare Mieten und starke Rechte für Mieter*innen. Wir wollen Mietobergrenzen im Bestand mit einem Bundesgesetz ermöglichen und die Mietpreisbremse entfristen und nachschärfen. Reguläre Mieterhöhungen sollen auf 2,5 % im Jahr innerhalb des Mietspiegels begrenzt werden. Wir streben an, die Modernisierungsumlage weiter abzusenken und auf maximal 1,50 Euro pro Quadratmeter begrenzen, damit energetische Sanierungen perspektivisch warmmietenneutral möglich sind. Das Umwandlungsverbot im Baugesetzbuch und den Milieuschutz ausweiten sind weitere Instrumente.

Spekulation mit Bauland und Geldwäsche am Wohnungsmarkt beenden
Zu häufig werden Immobilien zur Geldwäsche genutzt, das gilt es zu beenden. Ein entscheidender Hebel ist Transparenz. Wir planen ein Immobilienregister der Eigentümer*innen, das Grundbücher bei begründetem Interesse kostenfrei zugänglich macht. Außerdem wollen wir den Missbrauch von sogenannten „Share Deals" zur Steuerumgehung beenden und setzen auf eine anteilige Besteuerung des Immobilienbesitzes bei Unternehmensverkäufen. Die Spekulation mit Bauland soll unterbunden werden. Gegen Fehlnutzungen und spekulativen Leerstand von Wohnraum werden wir vorgehen.

Grund und Boden gemeinwohlorientiert

Wir wollen erreichen, dass die öffentliche Hand wieder eine strategische Bodenpolitik betreibt. Der Bund soll seine eigenen Immobilien nicht länger meistbietend verkaufen, sondern gezielt die Schaffung von bezahlbarem und nachhaltigem Wohnraum fördern. Dafür wollen wir die Bundesanstalt für Immobilienaufgaben in einen gemeinnützigen Bodenfonds umwandeln, der neue Flächen strategisch kauft und sie an gemeinwohlorientierte Träger überträgt. Die Einnahmen des Fonds fließen nicht in den Haushalt, sondern werden für den Zukauf weiterer Flächen verwendet.

Erwerb von Wohneigentum erleichtern

Wir wollen den Erwerb von Wohneigentum erleichtern. Deshalb soll das Prinzip, wer den Makler bestellt, bezahlt, genauso für Immobilienkäufe eingeführt und die Courtage begrenzt werden. Dazu wollen wir die Kaufnebenkosten weiter senken, indem wir es den Ländern ermöglichen, den Steuersatz der Grunderwerbssteuer beispielsweise für große Wohnungsunternehmen zu erhöhen und für private Käufer*innen zu senken. Wir wollen Mietkauf für selbstgenutztes Wohneigentum über die Länder und Kommunen fördern und Beteiligungen an Genossenschaften und den gemeinschaftlichen Erwerb durch Mieter*innen unterstützen.

Ressourcenschonendes und nachhaltiges Bauen vorantreiben

Wir können die Klimaziele nur mit einer Bauwende hin zu ressourcenschonendem und nachhaltigem Bauen erreichen. Wir setzen auf ein Gebäude-Ressourcen-Gesetz und eine Holzbaustrategie, damit wir mit mehr nachwachsenden Rohstoffen bauen können. Wir fördern außerdem die Digitalisierung der Planung am Bau. Um den Flächenverbrauch zu reduzieren, setzen wir auf behutsame Nachverdichtung und unterstützen die Kommunen dabei mit Förderprogrammen.

Wir investieren in lebenswerte Dörfer und Städte

Regionale Daseinsvorsorge stärken

Individuelle Entfaltung, demokratische Teilhabe und gesellschaftliches Engagement müssen überall im Land möglich sein, auch in strukturschwachen Regionen. Wir wollen eine neue Gemeinschaftsaufgabe „Regionale Daseinsvorsorge" im Grundgesetz einführen. Regionen, die heute mit großen Versorgungsproblemen zu kämpfen haben, sollen wieder investieren und gestalten können. Mit Regionalbudgets geben wir Bürger*Innen und Akteur*innen vor Ort die Möglichkeit, ihre Entwicklungsstrategien und Ziele selbst bestimmen können. *Für zentrale Versorgungsbereiche wie Gesundheit, Mobilität und Breitband wollen wir nötige Mindeststandards formulieren und eine Bundesstrategie „Orte des Zusammenhalts" auf den Weg bringen. Mit der gezielten Ansiedelung, von neuen Forschungsinstituten und Bundeseinrichtungen, vor allem in Ostdeutschland, können wir strukturschwachen Regionen wichtige Impulse geben.*

Solide Finanzausstattung für Kommunen

Für eine starke kommunale Selbstverwaltung und eine belastbare öffentliche Daseinsvorsorge braucht es eine solide Finanzausstattung. Wir wollen die Gemeindefinanzen besser und krisenfester aufstellen. Dazu gehört eine faire Unterstützung bei den kommunalen Altschulden und bei gemeindlichen Coronabedingten Steuerausfällen. Der Zugang zu Fördermitteln soll einfacher und unbürokratischer werden und die Hürden für die Teilnahme gesenkt werden. Wir wollen, dass Bund und Länder den Kommunen mit einer gemeinsamen Kompetenzagentur für Förderpolitik und Investitionen mit Rat und Tat zur Seite stehen und die Umsetzung von Projekten ermöglichen.

Innenstädte retten

Wir wollen Stadtzentren und Ortskerne lebenswerter und attraktiver machen durch eine kluge Stadtentwicklungspolitik, nachhaltige Verkehrskonzepte und einen Städtebaunotfallfonds, dass auch der Einzelhandel dort eine Zukunft hat. Dafür wollen wir die Städtebauförderung neu ausrichten: für schönere Städte, mehr Stadtgrün und Wasserflächen, damit man auch in Zeiten immer heißerer Sommergut in der Stadt leben kann. Mit zusätzlichen Mitteln für Smart City Projekte unterstützen wir den Aufbau unabhängiger digitaler Plattformen, mit denen der örtliche Einzelhandel attraktivere Angebote machen kann.

Ländlich leben, digital arbeiten

Über die Gemeinschaftsaufgabe für Agrar- und Küstenschutz fördern wir Wohnprojekte für Jung und Alt, Co-Working, die Aktivierung von Leerstand sowie gemeinschaftliche und genossenschaftliche Wohnformen. Bahnhofsgebäude wollen wir als gemeinwohlorientierte Räume zu einladenden Mobilitätsknotenpunkten weiterentwickeln und attraktiver machen. Wir unterstützen die Landesprogramme zu Markttreffs. Kommunen sollen Zuschüsse bekommen, wenn sie öffentliche Einrichtungen, Sporthalle, Bibliothek, Spielplatz, Working-Space oder Kino unter dem Dach eines Kulturzentrums zusammenfassen.

Schnelles Internet überall

Mit einem Breitband-Universaldienst wollen wir einen Rechtsanspruch auf schnelles Internet für alle schaffen, der sich nicht am Minimalstandard, sondern an den Nutzungsgewohnheiten der Mehrheit orientiert. Wir sorgen dafür, dass Blockaden bei der Abrufung der Fördergelder für den Netzausbau abgebaut werden und dann auch zügig gebaut wird. Beim Mobilfunkausbau gilt es, eine flächendeckende Versorgung sicherstellen, egal, in welchem Netz man surft. Wo die Anbieter keine Kooperationsvereinbarungen schließen, um Funklöcher zu schließen, muss notfalls lokales Roaming angeordnet werden, natürlich mit entsprechender Vergütung.

Selbstbestimmt im Alter, in Stadt und Land

Wir wollen den Abbau von Barrieren in Wohnungen und im Wohnumfeld stärker finanziell fördern und somit älteren Menschen ermöglichen, länger selbstbestimmt wohnen zu bleiben. Gesellschaftliche Teilhabe ermöglicht Selbstbestimmung. Das wollen wir mit einem Programm fördern, bei dem Ansprechstellen und Gemeindezentren über altersgerechtes Wohnen, Weiterbildungsangebote, Pflege und soziale Sicherung sowie Möglichkeiten, sich im Dorf oder dem Stadtteil zu engagieren, informieren. Für die Mobilität muss das Nahverkehrsangebot in den Städten ausgebaut und auf dem Land erhalten bzw. intelligent vernetzt werden.

Kapitel 4: Bildung und Forschung ermöglichen

Wir fördern gute Bildung von Anfang an

Für jedes Kind einen Kitaplatz in einer guten Kita

Mit einem Bundesqualitätsgesetz sorgen wir für Spitzenqualität in den Einrichtungen: Wir stellen sicher, dass sich eine Erzieherin oder ein Erzieher um höchstens vier unter Dreijährige und neun über Dreijährige gleichzeitig kümmern und stärken Fachkräften mit Fachberatung und weiteren Programmen den Rücken. Damit alle Kinder, auch Kinder mit Behinderungen, einen Platz in guten Kitas bekommen können, wollen wir das Engagement des Bundes beim Platzausbau weiterführen.

Mehr Fachkräfte an Kitas, Horten und Schulen

Für die wichtige Arbeit, die Erzieher*innen leisten, brauchen sie einen guten Lohn. Mit einer wirkungsvollen Fachkräfteoffensive wollen wir außerdem für faire Ausbildungsvergütungen, Weiterentwicklungsmöglichkeiten und gute Arbeitsbedingungen sorgen. Um den Lehrkräftemangel nachhaltig bewältigen zu können, wollen wir mit einem Bund-Länder-Programm hochwertige Quereinstiegsbildung fördern und gemeinsame Qualitätsstandards sichern.

Recht auf einen Ganztagsplatz für jedes Grundschulkind

Wir wollen einen individuellen Rechtsanspruch für jedes Grundschulkind auf Ganztagsbildung und -betreuung umsetzen. Der Anspruch auf Integrationshelfer*Innen muss überall gelten. Eltern von Kindern mit Behinderungen dürfen keine zusätzlichen Kosten entstehen. Um alle Grundschulen auf ihrem Weg zu inklusiven Orten der Ganztagsbildung zu unterstützen, werden wir ein Begleitprogramm zur Förderung von Schulentwicklungsprozessen auf den Weg bringen und damit Koordinierungsstellen fördern.

Corona-Rettungsschirm für Kinder

Damit jedes Kind den Anschluss behält, wollen wir über ein Bund-Länder-Modell-Programm jede Schule mit Budgets auszustatten für gezielte Lernförderung für Kinder mit besonderem Bedarf. Studierenden, angehende Absolvent*innen aus der akademischen und beruflichen Bildung sowie pensionierten Lehrkräfte soll ermöglicht werden, Schulen als kompetente Bildungslots*innen zu unterstützen.

Programm für Schulen in benachteiligten Regionen und Quartieren

Wir schlagen ein Bundesmodellprogramm für mehr Bildungsgerechtigkeit vor, um Schulen mit besonderem Unterstützungsbedarf zu stärken. Wir fördern multiprofessionelle Teams, in denen sich Lehrkräfte, Schulsozialarbeiter*innen und Erzieher*innen gegenseitig ergänzen und mit unterschiedlichen Perspektiven bereichern, um die Schüler*innen ideal unterstützen zu können. Dazu gehört es, systematische Präventions- und Interventionsarbeit zu leisten, Lernlücken zu schließen und deutsche Sprachfertigkeiten sowie die muttersprachlichen zu fördern.

Digitale Bildung auf die Höhe der Zeit bringen

Die Pandemie hat gezeigt, dass es bei der digitalen Bildung schon an den Grundlagen fehlt. Das wollen wir ändern: mit einer zeitgemäßen digitalen Ausstattung und mit Strukturen, die die Schulen beim digitalen Lehren und Lernen wirkungsvoll unterstützen. Dafür wollen wir auch den DigitalPakt zu einem echten gemeinsamen Vorhaben weiterentwickeln mit klaren Zielen und Zeithorizonten, die gemeinsam im Rahmen der jeweiligen Verantwortung von Bund, Ländern und Kommunen erreicht werden sollen.

Bildungszusammenarbeit von Bund und Ländern

Für notwendige Maßnahmen für ein gerechtes Bildungssystem braucht es einerseits eine ausreichende finanzielle Ausstattung der Länder, andererseits wollen wir die Kooperationsmöglichkeiten zwischen Bund, Ländern und Kommunen verfassungsrechtlich abgesichert stärken. Mit einer „Ermöglichungsklausel" für die Bildungszusammenarbeit im Grundgesetz wäre gemeinsames Handeln dort möglich, wo es notwendig ist.

Wir stärken Ausbildung und Studium

Sichere Ausbildungsperspektiven

Wir fördern verstärkt Verbundausbildungen, nutzen wo notwendig auch außerbetriebliche Ausbildungen und unterstützen Unternehmen, die ausbilden wollen. Mit dem Ausbau der assistierten Ausbildung und ausbildungsbegleitender Hilfen wollen wir mehr Jugendliche in ihrer Ausbildung unterstützen. Damit alle Jugendlichen am Übergang von der Schule in den Beruf gute Beratung aus einer Hand und unter einem Dach erhalten, treiben wir den Ausbau flächendeckender Jugendberufsagenturen voran.

Berufliche und akademischer Bildung sind gleich viel wert

Berufliche und akademische Bildung müssen gleichwertige Chancen auf ein erfolgreiches Arbeitsleben bieten, damit eine echte Wahlfreiheit für junge Menschen besteht. Alle Berufsschulen müssen gut ausgestattet sein und es braucht eine Mindestausbildungsvergütung von 80 Prozent der durchschnittlichen tariflichen Ausbildungsvergütungen. Wir wollen die Gleichwertigkeit von beruflicher und akademischer Bildung bei Ausschreibungen der Bundesbehörden stärken.

Eine Grundsicherung in Ausbildung und Studium

Damit sich jede*r eine schulische Ausbildung oder ein Studium leisten kann, wollen wir als ersten Schritt das BAföG neu aufsetzen und zu einer Grundsicherung für Studierende und Auszubildende umbauen. Diese beinhaltet einen Garantiebetrag für alle Student*innen und Auszubildende und einen Bedarfszuschuss für jene aus einkommensarmen Elternhäusern. Außerdem wollen wir die Bildungsfinanzierung noch stärker eltern- und perspektivisch altersunabhängig konzipieren. Ein Schritt in diese Richtung ist die Einführung eines Weiterbildungs-Bafögs. Studiengebühren lehnen wir ab.

Wir ermöglichen lebensbegleitendes Lernen

Ein Rechtsanspruch auf Weiterbildung

Wir treten für einen individuellen Rechtsanspruch auf Weiterbildung ein. Für arbeitsmarktbedingte Weiterbildungen ist ein auskömmliches Weiterbildungsgeld nötig, für alle anderen, die sich beruflich entwickeln oder neuorientieren wollen, ein Weiterbildungs-BAföG. So profitieren auch diejenigen, die bei der beruflichen Weiterbildung bislang das Nachsehen haben, etwa Frauen, Menschen mit Migrationsgeschichte und alle prekär Beschäftigten.

Alphabetisierung vorantreiben

In Deutschland gelten gut sechs Millionen Menschen ab 18 Jahren als „funktionale Analphabet*innen". Sie haben also Schwierigkeiten, ganze Texte zu verstehen. Die große Mehrheit von ihnen hat einen Schulabschluss. Diese Zahlen sind 100 Jahre nach Einführung der allgemeinen Schulpflicht und in einer der reichsten Industrienationen der Welt nicht hinnehmbar. Wir wollen Geld und Kurskapazitäten bereitstellen – für Erwachsene, aber auch für Kinder.

Wir verbessern die Bedingungen für Wissenschaft und Forschung

Mehr Raum für große Ideen

Die großen Herausforderungen unserer Zeit wie die Klimakrise, Pandemien oder auch eine effizientere Nutzung von Rohstoffen können Digital Pakt nur umfassend angegangen werden. Wir wollen die Förderpolitik des Bundes an den Nachhaltigkeitszielen (SDGs) ausrichten. Technische, soziale und ökologische Innovationen sind deshalb gleichwertig. Die Agentur für Sprunginnovation (SprinD) sollte flexibler ausgestaltet werden, damit sie sich auf ihre Kernaufgaben konzentrieren kann.

Forschungsfinanzierung aufstocken und vereinfachen

Wir wollen erreichen, dass bis 2025 Staat und Unternehmen insgesamt mindestens 3,5 % der Wirtschaftsleistung in Forschung und Entwicklung investieren. So ermöglichen wir mehr Kreativität, Freiräume und internationale Vernetzung und schaffen Planbarkeit in unserer Forschungslandschaft. Außerdem brauchen wir eine auskömmliche Grundfinanzierung in der Wissenschaft, um die Abhängigkeit von den in den letzten Jahren stark gestiegenen Drittmitteln wieder einzudämmen.

Wissenschaft für alle

Wissenschaftliche Beratung ist wichtiger für die demokratische Debatte denn je. Wir wollen interdisziplinäre wissenschaftliche Expertise frühzeitiger etwa durch Gesetzgebungslabore in die Politikentwicklung einbeziehen. Die Technikfolgenabschätzung und das Monitoring der gesellschaftlichen Folgen politischer Maßnahmen sollte ausgebaut werden, um Entscheidungsträger*innen zu unterstützen. Außerdem wollen wir die Wissenschaftskommunikation stärken und die Aus- und Weiterbildung von Wissenschaftler*innen in diesem Bereich fördern.

Hochschule fit machen

Den Hochschulen fehlt es an Investitionsmitteln für die digitale Infrastruktur und die IT-Sicherheit. Wir werden deshalb über eine Digitalisierungspauschale die IT-Infrastruktur an Hochschulen stärken, Aus- und Weiterbildung der Lehrenden ausbauen und digitale Beratungs- und Betreuungsangebote für Studierende ausweiten. Der Zugang zu Forschungsdaten soll erleichtert werden, indem wir Open Access zum Standard erklären und als wissenschaftliche Leitidee etablieren.

Bessere Arbeitsbedingungen und sichere Berufswege

Für Nachwuchswissenschaftler*innen gibt es vor allem an Hochschulen kaum planbare und sichere Berufswege. Dem begegnen wir mit dem Ausbau der Tenure-Track-Professuren und der substantiellen Reduzierung befristeter Mitarbeiter*innen-Stellen. Die Wissenschafts- und Hochschullandschaft ist immer noch vorwiegend männlich, weiß, westdeutsch und von Menschen aus akademischen Elternhäusern geprägt. Das wollen wir ändern, Anreize für wirkungsvolle Diversitätsstrategien schaffen und außerdem einen Frauenanteil von 40 Prozent auf allen Ebenen erreichen.

Wissenschaftsfreiheit verteidigen

Wir wollen weltweit verfolgte Wissenschaftler*innen und Studierende besser schützen, etwa durch einen europäischen Fonds. Es muss wirksamen Schutz gegen Anfeindungen geben, wie sie mittlerweile auch Forscher*innen und auch ausländische Studierende häufig erleben. Die Verteidigung der Wissenschaftsfreiheit muss zentraler Aspekt der Außenpolitik sein.

Kapitel 5: Zusammen leben

Wir machen den Staat effektiver und bürgernäher

Planungs- und Investitionsbeschleunigung

Deutschland braucht im nächsten Jahr eine Modernisierungsoffensive. Die Schieneninfrastruktur, Erneuerbare Energien und die Energienetze müssen ausgebaut, Schulen, Straßen und Brücken saniert, digitale Infrastrukturen aufgebaut werden. Wir verschlanken die Verfahren durch Bündelung, schaffen öffentliche Planungskapazitäten. Wir stärken auf allen Ebenen die Planungsbehörden und zuständigen Gerichte. Ziel ist, alle Planungszeiten zu halbieren.

Digitale Ämter – serviceorientiert, schnell und zuvorkommend

Mit mehr barrierefreien E-Government-Dienstleistungen, sicheren digitalen Beteiligungsformaten im Planungsrecht und Open Government wollen wir unsere Verwaltung modernisieren und unnötige Bürokratie wie Schriftformerfordernisse abbauen. Gleichzeitig muss gewährleistet sein, dass die Türen des Staates auch für den persönlichen Kontakt mit den Bürgerinnen und Bürgern geöffnet bleiben und durch mobile Angebote ergänzt werden.

Der Personalausweis auf dem Smartphone

Mit dem mobilen Personalausweis auf dem Smartphone sollen Bürger*innen beispielsweise Behördengänge oder die Steuererklärungen abwickeln können. Mit einer staatlich abgesicherten ID-Wallet, die den höchsten Datenschutz- und IT-Sicherheitsstandards entspricht, sollen Bürger*innen ihren Personalausweis, Führerschein oder Krankenkassenkarte, aber auch Zahlungsdaten und Mitgliedschaften sicher auf dem Smartphone verwahren können und nicht auf private Anbieter angewiesen sein müssen.

Transparenz-Gesetz für Open Data

Wir wollen mit öffentlichen Mitteln erwirtschaftete nicht personenbeziehbare Daten zeitnah, kosten- und lizenzfrei zur Verfügung zu stellen. Das bestehende Datenportal GovData wollen wir zu einem zentralen und nutzer*innenfreundlichen Open und E-Government-Portal ausbauen. Auch offene Software, offene Standards und offene Schnittstellen fördern wir, indem wir sie als Standard in die Vergabe- und Vertragsordnungen für öffentliche Gelder aufnehmen.

Bessere Daten für die Forschung – bessere Entscheidungsgrundlagen für die Politik

Auch die Corona-Krise hat wieder einmal gezeigt, dass Deutschland bei Forschungsdaten weit hinter vergleichbaren Ländern zurückliegt. Wir wollen das ändern und zeitnahe Daten der Forschung und den politischen Entscheidungsträgern zur Verfügung stellen – durch ein Forschungsdatenzentrum beim Statistischen Bundesamt mit einem gesetzlichen Forschungsauftrag und einem eigenen Forschungsinstitut.

Klimaneutrale Bundesverwaltung

Die Bundesverwaltung muss klimaneutral werden. Das umfasst sowohl die Versorgung mit Ökostrom und den Fuhrpark der Bundesbehörden als auch die Gebäude des Bundes, die mit erneuerbaren Heiz- und Kühlsystemen ausgestattet und umfassend energetisch modernisiert werden. So geht die Politik mit gutem Beispiel voran.

Der lernende Staat

Wir wollen, dass die öffentliche Verwaltung in die Lage versetzt wird, vorausschauend zu handeln und sich zugleich zügig und konsequent an ihre jeweiligen Aufgaben anpassen zu können. Innovationseinheiten in den Behörden sollen eng und transparent mit Wissenschaft, Wirtschaft und Verbänden zusammenarbeiten, sich untereinander vernetzen sowie neue Ideen testen und eine positive Fehlerkultur etablieren.

Justiz entlasten und digitalisieren

Strafverfolgungsbehörden und Gerichte brauchen dringend Entlastung durch mehr Personal, die Entkriminalisierung von Bagatelldelikten und durch eine flächendeckende Ausstattung der Justiz mit der nötigen Technik. Die Digitalisierung der Justiz wie auch ihren Personalbedarf werden wir durch einen Bund-Länder-Digitalpakt Justiz in Fortsetzung und Konkretisierung des Ende 2021 auslaufenden Pakts für den Rechtsstaat mit ausreichender Finanzierung umsetzen.

Den Öffentlichen Dienst stärken und modernisieren

In den letzten Jahrzehnten wurde zu oft am Öffentlichen Dienst gespart und gekürzt. Damit unser Staat mit den großen Herausforderungen Schritt halten kann, wollen wir den Öffentlichen Dienst wieder stärken und ihn zugleich modernisieren. Mehr Stellen, gerade im IT- und Planungsbereich, gute

Bezahlung, flexible Laufbahnen, mehr Durchlässigkeit machen den Öffentlichen Dienst fit für das 21. Jahrhundert.

Vielfalt in der Verwaltung

Der Staat hat die Möglichkeit, als gutes Beispiel in Sachen Vielfalt voranzugehen, so beispielsweise Mehrsprachigkeit in der Verwaltung zu fördern, und bei der Einstellungs- und Beförderungspraxis nicht nur die Gleichstellung der Geschlechter, sondern auch die gesellschaftliche Vielfalt zu beachten. Wir werden verbindliche Zielvorgaben zur Erhöhung des Anteils von Menschen mit Migrationshintergrund einführen.

Wir treten ein für Vielfalt, Anerkennung und gleiche Rechte

Einheit in Vielfalt

Mit einem Partizipationsrat als ein gesetzlich verankertes und unabhängiges Gremium wollen wir sicherstellen, dass die Perspektive und Expertise derjenigen, die von Diskriminierung betroffen sind, gehört wird. Wir wollen verschiedenen gesellschaftlichen Themen, die die Teilhabe an der offenen und vielfältigen Einwanderungsgesellschaft betreffen, bei einem Ministerium bündeln und diese Themen aus dem Innenministerium herauslösen. Außerdem werden wir ein Partizipations- und Teilhabegesetz vorlegen und das Bundesgremiengesetz reformieren. Alle, die dauerhaft ihren Lebensmittelpunkt hier haben, sollen ein kommunales Wahlrecht erhalten.

Konsequent gegen Rassismus

Wir wollen den Schutz vor und die Beseitigung von Diskriminierungen und strukturellem Rassismus mit einem staatlichen Gewährleistungsanspruch in der Verfassung verankern. Die Antidiskriminierungsstelle des Bundes (ADS) braucht mehr Personal, Budget und Kompetenzen. Zudem wollen wir eine*n weisungsunabhängige*n und finanziell gut ausgestattete*n Antirassismusbeauftragte*n einsetzen. Das Allgemeine Gleichbehandlungsgesetz soll zu einem echten Bundesantidiskriminierungsgesetz weiterentwickelt werden. Das Netz zivilgesellschaftlicher Beratungsstellen soll flächendeckend ausgebaut und in den Institutionen sollen Anlaufstellen geschaffen werden. Wir werden die Forschung zu Diskriminierung und Rassismus ausbauen, insbesondere Antidiskriminierungs- und Gleichstellungsdaten erheben und unabhängige wissenschaftliche Studien in Bezug auf staatliche Institutionen durchführen. Antirassismus, Antidiskriminierung und Postkolonialismus wollen wir in Lehrplänen verankern.

Unterstützung und Sicherheit für Juden und Jüdinnen in Deutschland

Wir unterstützen Projekte und Initiativen, die jüdisches religiöses Leben, Kultur und Bildung stärken. Sicherheit von Jüdinnen und Juden und den Schutz jüdischer Einrichtungen und Gemeinden müssen wir umfassend gewährleisten. Antisemitische Anschläge in der Gegenwart, allen voran der von Halle, erinnern uns daran, wie stark der Antisemitismus noch immer in Deutschland verbreitet ist – dem müssen wir entschieden entgegentreten, unter anderem mit Präventionsmaßnahmen und sensibilisierenden Aus- und Fortbildungen.

*Muslim*innen schützen und stärken*

Der Anschlag von Hanau, die fortdauernden Bedrohungen muslimischer Einrichtungen zeigen, wie dringend nötig umfassende Schutzkonzepte sowie Präventionsprogramme sind. Opfer müssen geschützt, beraten und gestärkt, die Ursachen der Muslim*innenfeindlichkeit verstärkt in den Blick genommen werden. Wir unterstützen Staatsverträge mit islamischen Religionsgemeinschaften, die in keiner strukturellen Abhängigkeit zu einem Staat, einer Partei oder politischen Bewegung und deren oder dessen jeweiliger Regierungspolitik stehen und sich religiös selbst bestimmen. Für die eigenständige und selbstbewusste Religionsausübung von Muslim*innen ist eine Imam-Ausbildung in Deutschland dringend notwendig.

Antiziganismus entschlossen bekämpfen

Immer noch leiden Menschen mit Romani-Hintergrund in Deutschland an einer tiefsitzenden Antiziganismus und werden beim Zugang zu Bildung, Gesundheit, Wohnen und Arbeit benachteiligt. Wir wollen deshalb die neue EU-Roma-Rahmenstrategie (Post-2020) umsetzen. Der Erhalt von Sprache und Kulturen von Sinti*zze und Rom*nja muss aktiv gefördert sowie eine unabhängige, zivilgesellschaftliche Monitoring- und Informationsstelle zur Dokumentation und Aufarbeitung antiziganistischer Vorfälle und zur Unterstützung der Betroffenen eingerichtet werden.

Ein Barrierefreiheits-Gesetz

Wir wollen Barrierefreiheit schaffen, damit Menschen mit Behinderungen gleichberechtigt am öffentlichen Leben teilhaben und selbstbestimmt leben, lernen und arbeiten können. Das wollen wir mit einem „Barrierefreiheits-Gesetz" erreichen. Durch eine Erhöhung der Bundesförderung soll mehr barrierefreier Wohnraum entstehen. Den Abbau von Barrieren in Städten und Dörfern werden wir im Rahmen der Städtebauförderung unterstützen.

Verhältnis Kirche und Staat reformieren

Die christlichen Kirchen und Gemeinden sind eine wichtige Stütze unserer Gesellschaft. Das Grundrecht auf Religions- und Weltanschauungsfreiheit wollen wir, auch weltweit, weiter stärken. Die besondere Beziehung zwischen Staat und den christlichen Kirchen wollen wir erhalten und wo nötig der gesellschaftlichen Realität anpassen. So wollen wir, dass beispielsweise das kirchliche Arbeitsrecht reformiert wird. Außerdem wollen wir die Vollendung des Verfassungsauftrags zur Ablösung der Staatsleistungen umsetzen.

Wir erneuern das demokratische Fundament

Für eine saubere Politik

Demokratie lebt vom Vertrauen der Bürger*innen. Wir wollen wir mit einem gesetzlichen Lobbyregister den Einfluss von Lobbyist*Innen bei Bundesregierung und Bundestag offenlegen. Abgeordneten wollen wir eine entgeltliche Lobbytätigkeit neben ihrem Mandat untersagen. Einkünfte aus Nebentätigkeiten sollen veröffentlicht werden, für Unternehmensbeteiligungen und Aktienoptionen von Abgeordneten braucht es striktere Regeln.

Parlament stärken, Wahlrecht reformieren

Wir wollen die Rolle des Bundestages bei der Gesetzgebung ausbauen. Seine Arbeitsfähigkeit ist zu garantieren und zu stärken. Deshalb setzen wir uns für eine Wahlrechtsreform ein, die das Parlament kleiner macht, fair und verfassungsgemäß ist und bei der jede Stimme gleich viel wert ist. Die Sitzungen der Fachausschüsse sollen in der Regel öffentlich stattfinden und gestreamt werden. Die Abgeordneten sollen in ihren Kontrollrechten gegenüber der Regierung mit einem Akteneinsichtsrecht gestärkt werden.

Macht fair teilen, auch in den Parlamenten

Frauen sollten überall gleichberechtigt vertreten sein, wo Entscheidungen getroffen werden, die uns alle betreffen. Gleichberechtigung ist ein historischer und verfassungsrechtlicher Auftrag für uns alle. Wir wollen die Parität vorantreiben und entsprechende Gesetzesänderungen auf den Weg bringen.

Mit 16 wählen

Viele politische Entscheidungen von heute sind entscheidend für die Zukunft junger Menschen, und viele junge Menschen übernehmen früh Verantwortung für die Gesellschaft. Wenn Jugendliche in ihrem Lebensalltag demokratische Erfahrungen machen und ihre Rechte wahrnehmen können, stärkt das die Demokratie und macht sie zukunftssicherer. Darum werden wir uns dafür einsetzen, das Wahlalter für Bundestags- und Europawahlen auf 16 Jahre abzusenken

Bürger*innenräte für mehr Beteiligung

Mit Bürger*innen-Räten schaffen wir die Möglichkeit, bei ausgewählten Themen die Alltagsexpertise von Bürger*innen direkter in die Gesetzgebung einfließen zu lassen. Außerdem werden wir ein digitales Portal, wie es zum Beispiel in Baden-Württemberg schon erfolgreich angewendet wird, für die aktive Beteiligung an der Gesetzgebung einführen und das Petitionsrecht zu einem leicht zugänglichen Instrument für bessere Mitwirkung am demokratischen Prozess ausbauen.

Öffentlich-rechtlicher Rundfunk für alle und eine vielfältige Medienlandschaft

Wir stehen zu einem pluralistischen, kritischen und staatsfernen öffentlich-rechtlichen Rundfunk für alle und arbeiten dafür, dass er stark und zukunftsfest aufgestellt ist. Dazu zählen auch eine ausreichende Finanzierung und ein Programmauftrag, der alle gesellschaftlichen Bereiche umfasst. Gemeinsam mit den Ländern wollen wir eine Initiative auf den Weg bringen und in der Breite der Gesellschaft eine Debatte darüber führen, wie öffentlich-rechtliche Medien im 21. Jahrhundert aussehen sollen.

Hasskriminalität im Netz bekämpfen

Betroffene von Hasskriminalität im Netz müssen sich schnell und effektiv wehren können. Wir treten für einen effektiven Umgang mit Nutzerbeschwerden, eine Verbesserung der Strafverfolgung und zivilrechtlicher Durchsetzung ein. Strafverfolgungsbehörden müssen, gut geschult, auf Grundlage klarer Rechtsvorgaben arbeiten können. Plattformbetreiber müssen ihrer großen Verantwortung gerecht werden. Dies wollen wir sicherstellen mit einem Gesetz für digitalen Gewaltschutz. Eine Verpflichtung zum Einsatz von Uploadfiltern lehnen wir ab.

Software für die Allgemeinheit

Wir treten daher dafür ein, eine eigenständige öffentliche Förderstiftung zu schaffen, die gesellschaftlich relevante Freie und Offene Software fördert, deren Ergebnisse Gesellschaft, Wissenschaft, Schulen, Wirtschaft und Verwaltung zur Verfügung stehen.

Demokratiefördergesetz für eine starke Zivilgesellschaft

Wir machen uns dafür stark, dass engagierte Menschen, vor allem Ehrenamtler*innen in Initiativen, Verbänden, Vereinen oder NGOs ihrer Arbeit in Zukunft gut abgesichert, ohne Einschüchterung und Kriminalisierung nachgehen können. Mit einem Demokratiefördergesetz werden wir ihr Engagement nachhaltig, projektunabhängig und unbürokratisch finanziell absichern.

Gemeinnützigkeit reformieren

Damit Initiativen und Verbände eigenständig bleiben, sorgen wir für Klarheit und Rechtssicherheit im Gemeinnützigkeitsrecht. Ihre gemeinnützigen Ziele sollen sie auch durch politische Aktivitäten wie Studien und Demonstrationen verwirklichen dürfen. Nicht nur die Förderung des demokratischen Staatswesens, sondern auch die Förderung tragender Grundsätze sollte klar gemeinnützig sein.

Freiwilligendienst ausbauen und für alle ermöglichen

Wir wollen den Bundesfreiwilligendienst auf 200.000 Plätze im Jahr erweitern und machen uns für eine rechtliche Garantie für einen Platz stark. Die Freiwilligendienste sollen besser ausfinanziert werden, damit sich junge Menschen unabhängig vom Einkommen ihrer Eltern engagieren können. Auch für Ältere und Menschen mit Behinderungen sollen die Rahmenbedingungen attraktiver und inklusiver werden.

Wir gestalten die vielfältige Einwanderungsgesellschaft

Einbürgerung erleichtern

Wer in Deutschland geboren wird, soll die Möglichkeit erhalten, deutsche*r Staatsbürger*in zu werden, wenn ein Elternteil rechtmäßig seinen gewöhnlichen Aufenthalt in Deutschland hat. Nach fünf Jahren Aufenthalt in Deutschland sollen alle einen Antrag auf Einbürgerung stellen können. Den Optionszwang im Staatsangehörigkeitsrecht wollen wir abschaffen und Mehrstaatigkeit anerkennen. Die vorgenommenen Aushöhlungen des Staatsangehörigkeitsrechts wollen wir zurücknehmen.

Ein modernes Einwanderungsgesetz für eine vielfältige Einwanderungsgesellschaft

Deutschland ist ein Einwanderungsland. Wir wollen ein modernes Einwanderungsgesetz beschließen, das neue Zugangswege für Bildungs- und Arbeitsmigration schafft, transparente, unbürokratische und faire Verfahren bietet, das globale und regionale Notwendigkeiten berücksichtigt und flexibel auf die Bedarfe des Arbeitsmarktes reagiert.

Integration gelingt nur mittendrin – Sprache, Zugang, Teilhabe von Anfang an

Wir treten dafür ein, dass alle neuankommenden Migrant*innen und Geflüchteten von Anfang an ein Recht auf einen kostenfreien Zugang zu passgenauen und gut erreichbaren Sprach- und Integrationskursen haben. Genauso wichtig ist die möglichst dezentrale Unterbringung, ein breites Beratungsangebot sowie der Zugang zu Wohnraum, Gesundheits- und Sozialleistungen, Kitas, Bildungseinrichtungen, Ausbildung und Arbeit. Wir wollen auf europäischer Ebene einen kommunalen Integrationsfonds auflegen, um europaweit das Ankommen in den Kommunen direkt zu unterstützen.

Asylverfahren rechtssicher und transparent

Wir wollen, dass Asylverfahren in Deutschland rechtssicher, fair und transparent gestaltet sind. Wir beenden die flächendeckenden und anlasslosen Widerrufsprüfungen durch das Bundesamt für Migration und Flüchtlinge (BAMF) und optimieren so das Asylprozessrecht. Wir wollen das Asylbewerberleistungsgesetz abschaffen und die in den vergangenen Jahren vorgenommenen Aushöhlungen des Asylrechts wollen zurücknehmen. Die Ausrufung „sicherer" Herkunfts- oder Drittstaaten lehnen wir ab – auch auf europäischer Ebene.

Raus aus der Duldung

Wir wollen die Anzahl der Menschen, die sich von Duldung zu Duldung hangeln müssen, möglichst auf null reduzieren. Für diese Menschen braucht es nach fünf Jahren Aufenthalt ein sicheres Bleiberecht. Heranwachsende, Jugendliche und Familien mit minderjährigen Kindern sollen nach drei Jahren einen Aufenthaltstitel bekommen. Durch die Umwandlung der Ausbildungsduldung in ein Ausbildungsbleiberecht verschaffen wir den Menschen einen verlässlichen Zugang zu Ausbildung und Arbeitsmarkt und sorgen für die Betriebe für Planungssicherheit. Abschiebungen in Kriegs- und Krisenländer wollen wir beenden, den Abschiebestopp nach Syrien und Afghanistan wieder einsetzen.

Wir rücken Feminismus, Queerpolitik und Geschlechtergerechtigkeit in den Fokus

Gleichberechtigung in allen Lebensbereichen

Es wird Zeit für eine feministische Regierung, in der Frauen und Männer gleichermaßen für Geschlechtergerechtigkeit eintreten. Mit einem Gender-Check wollen wir prüfen, ob eine Maßnahme oder ein Gesetz die Gleichberechtigung der Geschlechter voranbringt und dort wo es ihr entgegensteht dementsprechend eingreifen. Die neu geschaffene Bundesstiftung Gleichstellung werden wir zu einer effektiven Institution ausbauen, die gesichertes Wissen zu den Lebenslagen aller Geschlechter bereitstellt und wirksame Maßnahmen für Gleichberechtigung entwickelt, bündelt und zugänglich macht.

Geschlechtsspezifische Gewalt bekämpfen

Geschlechtsspezifische Gewalt wird oft verharmlost, sowohl in der medialen Darstellung als auch in der Rechtsprechung. Mit der Istanbul-Konvention haben wir ein Instrument an der Hand, das die notwendigen Maßnahmen beschreibt. Dazu gehört: eine Reform der Kriminalstatistik, Schutz der gewaltbetroffenen Frauen, Schulung von Polizei und Justiz müssen im Umgang mit Betroffenen sexualisierter Gewalt und eine qualifizierte Notfallversorgung Opfer von Vergewaltigungen.

Frauenhäuser absichern

Mit einem gesetzlichen Rechtsanspruch auf Schutz vor geschlechtsspezifischer Gewalt sichern wir Betroffene ab und verbessern den Zugang zu Schutzeinrichtungen für alle Frauen. Für die Aufenthaltszeit in einem Frauenhaus sollen Betroffene, die Sozialleistungen erhalten, nicht schlechter gestellt werden. Wir brauchen Frauenhäuser, in denen Kinder, auch wenn sie älter sind, mit aufgenommen werden können. Zudem müssen intersektionale Schutzkonzepte und Zufluchtsräume, insbesondere auch für queere, trans- und intergeschlechtliche Menschen, entwickelt und bereitgestellt werden.

Vor Zwang schützen

Menschen, die in der Prostitution arbeiten, brauchen Rechte und Schutz. Dazu sollen Prostitutionsstätten strenger kontrolliert werden. Menschenhandel zum Zweck der sexuellen Ausbeutung werden wir konsequent bekämpfen. Opfer von Menschenhandel brauchen ein dauerhaftes Bleiberecht, was die Anzeige- und Aussagebereitschaft erhöht und die Strafverfolgung der Täter*innen erleichtert. Beratungsstellen zu drohenden Zwangsverheiratungen müssen verlässlich finanziert werden, zivilgesellschaftliche Organisationen, die *sich gegen weibliche Genitalverstümmelung engagieren, wollen wir besser unterstützen.*

Selbstbestimmung durch Gesundheitsversorgung
Wir streiten für eine ausreichende und wohnortnahe Versorgung mit Ärzt*innen, Praxen und Kliniken, die Schwangerschaftsabbrüche vornehmen. Familienplanungs- und Beratungsstellen werden wir absichern und die freiwilligen Beratungsangebote ausbauen. Ungewollt Schwangere brauchen den bestmöglichen Zugang zu Informationen. Um diesen zu gewährleisten und Ärzt*innen zu schützen, gilt es, den §219a aus dem Strafgesetzbuch zu streichen. Die Kosten für ärztlich verordnete Mittel zur Empfängnisverhütung müssen für Empfängerinnen von staatlichen Transferleistungen übernommen werden.

Homo- und Transfeindlichkeit bekämpfen
Damit Lesben, Schwule, Bisexuelle, Trans-, Inter* und queere Menschen (LSBTIQ*) selbstbestimmt und diskriminierungsfrei leben können werden wir ein starkes Signal setzen und den Begriff „sexuelle Identität" in Artikel 3 Absatz 3 des Grundgesetzes ergänzen. Wir legen einen bundesweiten ressortübergreifenden Aktionsplan „Vielfalt leben!" für die Akzeptanz sexueller und geschlechtlicher Vielfalt vor. Das diskriminierende Blutspendeverbot für homosexuelle Männer wollen wir aufheben.

Selbstbestimmung garantieren, Transsexuellengesetz aufheben
Mit einem Selbstbestimmungsgesetz werden wir dafür sorgen, dass das überholte Transsexuellengesetz endlich aufgehoben wird. Eine Änderung der Geschlechtsangabe auf Antrag der betroffenen Person werden wir ermöglichen und das Offenbarungsverbot konkretisieren. Wir schreiben fest, dass nicht notwendige Operationen und Behandlungen an intergeschlechtlichen Kindern verboten werden. Den Anspruch auf medizinische körperangleichende Maßnahmen wollen wir gesetzlich verankern und dafür sorgen, dass die Kostenübernahme durch das Gesundheitssystem gewährleistet wird.

Wir stärken Sicherheit und Bürger*innenrechte

Eine gut ausgestattete und bürger*innennahe Polizei
Für ihre Aufgaben wie Prävention, Aufklärung und Strafverfolgung wollen wir die Polizei stärken, in der Stadt und auf dem Land, analog und digital. Den früheren Personalabbau bei Bundespolizei und Bundeskriminalamt wollen wir durch eine Offensive bei der Besetzung offener Stellen beheben. Sichere

und leistungsfähige Datenverarbeitung, kombiniert mit mobiler IT ist eine Grundvoraussetzung moderner Polizeiarbeit, die wir unterstützen wollen.

Die besondere Verantwortung der Polizei

Damit die Polizei muss auf das Vertrauen der gesamten Bevölkerung bauen können. Dem dient die Einführung einer Kennzeichnungspflicht für die Bundespolizei sowie einer*s Bundespolizeibeauftragte*n, an die sich sowohl Polizist*innen wie auch Bürger*innen wenden können, um in der Polizeiarbeit auftretende Missstände zu bearbeiten. Polizist*innen sollten sich auch nach der Ausbildung verpflichtend fortbilden können und müssen. Längst überfällig sind wissenschaftliche Studien zu Rechtsextremismus und Rassismus in den Sicherheitsorganen.

Europäisches Kriminalamt schaffen, Organisierte Kriminalität verfolgen

Zum Schutz der Bürger*innen und zur Verteidigung unserer Freiheit brauchen wir eine stärkere grenzüberschreitende Zusammenarbeit von Polizei und Justiz: durch gemeinsame europäische Polizeiteams, durch die Aufwertung von Europol zu einem Europäischen Kriminalamt sowie durch eine engere justizielle Zusammenarbeit der Mitgliedstaaten, auch mithilfe von Eurojust und der europäischen Staatsanwaltschaft.

Verfassungsschutz neu ordnen

Der Verfassungsschutz hat in der Vergangenheit viel Vertrauen verspielt, als er sich auf dem rechten Auge blind zeigte. Wir wollen den Verfassungsschutz strukturell neu aufstellen: zum einen mit einem unabhängigen, wissenschaftlich und unter Einbeziehung der Zivilgesellschaft aus öffentlichen Quellen arbeitenden Institut zum Schutz der Verfassung. Zum anderen mit einem verkleinerten Bundesamt für Gefahrenerkennung und Spionageabwehr, welches mit rechtsstaatskonformen nachrichtendienstlichen Mitteln klar abgegrenzt von polizeilichen Aufgaben arbeitet.

Rechtsextremismus bekämpfen, Netzwerke zerschlagen

Die Bekämpfung rechtsextremistischer Strukturen – auch innerhalb der Sicherheitsbehörden – muss Priorität für alle Sicherheitsorgane haben. Durch eine bundesweit vernetzte Präventionsstrategie wollen wir die Präventionsarbeit massiv ausbauen. Wir richten nach dem Vorbild der Stasi-Unterlagen-Behörde ein NSU-Archiv ein, in dem auch die Ergebnisse der 13 parlamentarischen Untersuchungsausschüsse ausgewertet werden und langfristig zugänglich sind.

Vor Terrorismus schützen

Wir müssen Terror entschieden bekämpfen – durch Prävention, bessere Vernetzung der Sicherheitsbehörden und eine konsequente Überwachung von sogenannten Gefährder*innen. Die Kooperation und Kommunikation zwischen den Sicherheitsbehörden auch über Ländergrenzen muss reformiert werden, Aussteigerprogramme für Menschen aus rechtsextremistischer und islamistischer Szene werden wir ausbauen. Den privaten Waffenbesitz tödlicher Schusswaffen wollen wir weitestgehend beenden.

Schutz für Whistleblower

Missstände bis hin zu kriminellen Aktivitäten in Unternehmen und Behörden brauchen mutige Menschen, die sie ans Licht bringen. Diese „Whistleblower" müssen im Interesse von uns allen besser vor Repressalien und gesundheitlichen, finanziellen und sozialen Folgen ihrer Meldung geschützt werden. Das werden wir mit einem Hinweisgeberschutzgesetz, das die EU-Whistleblower-Richtlinie ambitioniert und umfassend in nationales Recht umsetzt, erreichen.

Zielgerichtete Abwehr konkreter Gefahren

Wir stehen für eine rationale Sicherheits- und Kriminalpolitik, die konkrete Gefahren anlassbezogenen und zielgerichtet abwehrt statt die Bevölkerung mit pauschaler Massenüberwachung unter Generalverdacht zu stellen. Statt pauschaler, anlassloser Vorratsdatenspeicherung und genereller Backdoors für Sicherheitsbehörden oder Staatstrojaner für Geheimdienste wollen wir es der Polizei ermöglichen, technische Geräte anhand einer rechtsstaatlich ausgestalteten Quellen-TKÜ zielgerichtet zu infiltrieren. Zudem soll eine Meldepflicht für Sicherheitslücken eingeführt werden.

Wir garantieren den Rechtsstaat und stärken den Verbraucherschutz

Konsequent gegen Korruption

Wirtschaftsstraftaten machen einen Großteil der polizeilich erfassten finanziellen Schädigungen aus. Bei Rechtsverstößen werden wir Unternehmen deshalb künftig wirksamer mit einem Gesetz gegen Wirtschaftskriminalität zur Rechenschaft ziehen. Die Nachweispflicht über die legale Herkunft großer Zahlungen wollen wir verstärken. Sanktionen müssen gemäß den EU-Vorgaben wirksam, angemessen und abschreckend sein.

Rechtsschutz für jeden, Sammelklagen einführen

Menschen müssen ihr Recht auch gegenüber wirtschaftlich Stärkeren wirksam durchsetzen können, zum Beispiel in Fällen wie dem Diesel-Abgas-Betrug. Dazu führen wir die Sammelklage (Gruppenklage) ein, damit Menschen auch bei kleineren, aber massenhaft auftretenden Schäden effektiv zu ihrem Recht kommen und zum Beispiel Schadensersatz bekommen.

Kinderschutz vor Gericht verbessern

Es gilt, den Kinderschutz vor Gericht zu stärken. Wir machen einerseits die Fortbildungen für Familienrichter*innen verbindlich und werden diese andererseits bei ihrem Arbeitspensum berücksichtigen. Bei Kindern wollen wir die gleichen Rechtsbeschwerdemöglichkeiten zum Bundesgerichtshof herstellen wie im sonstigen Zivilrecht. In Strafverfahren wollen wir die Opferrechte von Kindern weiter stärken. Sexualisierte Gewalt gegen Kinder muss konsequent aufgeklärt und verfolgt werden.

Online-Kündigen nur mit einem Klick

Wir wollen Verbraucher*innen vor Vertragsfallen schützen und durchsetzen, dass die Online-Kündigung so einfach ist wie die Online-Bestellung. So wie es einen Bestellbutton gibt, muss es auch einen Kündigungsbutton geben sowie eine verpflichtende Eingangsbestätigung für Online/E-Mail-Kündigungen.

Ein Recht auf Reparatur

Wir setzen auf Qualität und Langlebigkeit. Durch ein Recht auf Reparatur wollen wir Elektroschrott von vornherein vermeiden – mit verbindlichen Designvorgaben, damit elektronische Geräte so gestaltet sind, dass sie möglichst langlebig, reparierbar und recyclingfähig sind. Durch die Verdopplung der Gewährleistungsfristen auf vier Jahre und eine Angabe der vom Hersteller vorgesehenen Lebensdauer wollen wir erreichen, dass Geräte für eine längere Lebensdauer gebaut werden.

Finanzberatung im Interesse der Kund*innen

Um die Finanzberatung vom Kopf auf die Füße zu stellen, schaffen wir ein einheitliches und transparentes Berufsbild für Finanzberater*innen. Alle Vermittler*innen und Berater*innen sollen künftig von der BaFin beaufsichtigt werden. Wir wollen weg von der Provisionsberatung und schrittweise zu einer unabhängigen Honorarberatung übergehen. Überhöhte Dispozinsen und Gebühren für das Basiskonto werden wir begrenzen.

Wir fördern die Kultur, die Künste und den Sport

Krisenfeste Strukturen für die Kultur

Die Kulturlandschaft muss nach der Pandemie mit ihren monatelangen Schließungen zu neuer Lebendigkeit, Vielfalt und Reichhaltigkeit finden und Kultur und kulturelle Bildung endlich selbstverständlicher Teil der Daseinsvorsorge wird. Wir brauchen eine ganzheitliche (Wiederaufbau-)Strategie mit einem Fonds zum Schutz von Kultureinrichtungen vor Verdrängung und Abriss. Die öffentliche Kulturförderung soll künftig partizipativ, geschlechtergerecht, abgestimmt und nach transparenten Kriterien angelegt sein.

Kulturschaffende und Kreative besser absichern

Für eine vielfältige Kulturlandschaft braucht es eine Absicherung, die Freiräume bietet und künstlerisches und kreatives Schaffen ermöglicht. Kulturschaffende sollen für die Zeit der Corona-Krise mit einem Existenzgeld von 1200 Euro im Monat abgesichert werden. Die Künstlersozialkasse (KSK) muss finanziell gestärkt werden. Bei kulturellen Werken muss für Urheber*innen eine angemessene Vergütung sichergestellt sein und es braucht eine angemessene Beteiligung insbesondere an den Gewinnen der Vertriebsplattformen.

Kultur in Gesellschaft

Wir wollen Kultureinrichtungen öffnen und stärken, damit jede*r einfachen Zugang zu ihnen hat und ihre Angebote nutzen und gestalten kann. In ländlichen Regionen, aber auch in urbanen Zentren sollen Kultureinrichtungen Knotenpunkte von Begegnungen und zu sogenannten „Dritten Orten" werden. Bei der Besetzung von Intendanzen, bei der Zusammensetzung von staatlich geförderten Kulturbetrieben, bei der Vergabe von Stipendien und Werksaufträgen und bei staatlichen Jurys wollen wir eine Quotenregelung einführen, um Geschlechtergerechtigkeit zu gewährleisten.

Den Kulturbetrieb ökologischer machen

Wir werden das ökologische Engagement im Kulturbetrieb nachhaltig unterstützen. Dafür werden wir einen „Green Culture Fonds" als Förderinstrument einrichten. Antragsberechtigt sind öffentlich geförderte Einrichtungen und Projekte sowie private Akteur*innen der Kultur- und Kreativwirtschaft und der freien Szene.

Erinnerungskultur stärken und öffnen

Der Nationalsozialismus muss weiter konsequent aufgearbeitet und bisher wenig beachtete Opfergruppen wie die sogenannten „Asozialen",

„Berufsverbrecher" und „Euthanasie"-Opfer sollen durch eine angemessene Entschädigung anerkannt werden. Auch die DDR-Diktatur soll weiter aufgearbeitet werden. Wir werden die Kontinuitäten des Kolonialismus ins Bewusstsein rücken durch eine zentrale Erinnerungs- und Lernstätte. Gleichzeitig muss sich die deutsche Erinnerungskultur für die Erfahrungen und Geschichten der Menschen öffnen, die nach Deutschland eingewandert sind.

Ein Entwicklungsplan für den Sport
Wir wollen zusammen mit den Sportverbänden, Ländern, Kommunen und der Wissenschaft einen Entwicklungsplan Sport erarbeiten und umsetzen. Bewegungs- und Sportflächen müssen in der Wohnungsbaupolitik und Quartiersplanung fest verankert werden. Das wollen wir mit einem Bundesprogramm zur Sanierung und Instandsetzung von Schwimmstätten erreichen. Sportgroßveranstaltungen sollen klimaneutral, sozial und nachhaltig ermöglicht werden. Dafür braucht es eine Gesamtstrategie, bei der von Beginn an Bürger*innenbeteiligung Teil der Planung ist.

Spitzensport braucht Breitensport
Bei der Förderung des Spitzensports wollen wir die Bedingungen und Perspektiven für Leistungssportler*innen in den Mittelpunkt stellen, nicht den Gewinn von Funktionär*innen und wollen Doping konsequent bekämpfen. Gerade bei Fußball gilt es, den Fußball den Fans zurückzugeben mit Transparenz und Good Governance. Gegen Rechtsextremismus und andere Formen gruppenbezogener Menschenfeindlichkeit im Sport gehen wir mit einem finanziell starken Bundesprogramm vor und schützen die Bürger*innenrechte von Fans und diese vor ausufernden Datensammlungen und Kollektivstrafen.

Wir bauen Europa weiter

Die Zukunft der EU gestalten
Wir wollen die Europapolitik wieder aktiv gestalten – mit klarem Wertekompass, entlang einer starken deutsch-französischen Zusammenarbeit und im Zusammenspiel mit unseren europäischen Partner*innen. In den kommenden zwei Jahren bietet die „Konferenz zur Zukunft der EU" eine große Chance gemeinschaftlich mit den Bürger*innen Reformen der EU zu entwickeln. Wir wollen sie nutzen für die nächste Phase der europäischen Integration auf dem Weg zur Föderalen Europäischen Republik und um europäische Antworten auf die großen Herausforderungen zu formulieren.

Europäisches Parlament stärken

Wir brauchen ein Parlament, das in allen Bereichen gleichberechtigt mit dem Rat entscheidet, ein vollwertiges Initiativrecht für die Gesetzgebung und starkes Haushaltsrecht erhält. Es soll die Kommission auf Vorschlag de*r Kommissions-Präsident*in wählen sowie durch ein konstruktives Misstrauensvotum entlassen können. Für die Wahlen zum Europäischen Parlament sollen Bürger*innen mit ihrer Stimme für eine*n Spitzenkandidat*in der Parteien auch die nächste Präsident*in der EU-Kommission bestimmen.

Ein europäisches Vereins- und Gemeinnützigkeitsrecht

Ein europäischer Vereinsstatus mit klaren Regeln zu Gründung, Gemeinnützigkeit und Auflösung würde europäische Vereine dem Schutz der EU unterstellen und nationaler Willkür entziehen. Zudem wollen wir die Europäische Bürgerinitiative als zentrales Instrument der Teilhabe der Bürger*innen und der Zivilgesellschaft stärken.

Mit Mehrheitsentscheidungen Blockaden auflösen

Solange nationale Einzelinteressen das europäische Gemeinwohl ausbremsen können, wird die EU keine aktivere Rolle etwa für mehr Steuergerechtigkeit oder mehr Verantwortung für Demokratie und Menschenrechte in der Welt übernehmen können. Darum setzen wir uns dafür ein, für alle verbleibenden Politikbereiche, in denen heute noch im Einstimmigkeitsprinzip entschieden wird, Mehrheitsentscheidungen in Mitentscheidung des Europäischen Parlaments einzuführen.

Einflussnahme auf EU-Gesetzgebung transparent machen

Mehr Transparenz stärkt die europäische Demokratie und das Vertrauen der Bürger*innen in Politik. Um nachvollziehbar zu machen, wofür die Regierungen der Mitgliedstaaten in Brüssel eintreten, setzen wir uns für Fristen im Rahmen der Gesetzgebung ein, bis zu denen eine öffentliche Debatte im Rat stattgefunden haben muss. Auch den Zugang zu EU-Dokumenten wollen wir substanziell weiterentwickeln. Außerdem brauchen wir ein verbindliches Lobbyregister für alle EU-Institutionen.

Europäische Grundrechte einklagbar machen

Wir wollen die EU-Grundrechtecharta langfristig gegenüber den Nationalstaaten einklagbar machen, um so alle EU-Bürger*innen in ihren Rechten zu stärken. Mit dem EU-Mechanismus für Demokratie, Rechtstaatlichkeit und

Grundrechte setzen wir uns für ein stärkeres Instrument ein, um Verstöße autoritärer Mitgliedstaaten zu sanktionieren.

Eine öffentlich-rechtliche Medienplattform in Europa

Wir setzen uns für eine europäische, digitale Plattform in öffentlicher Hand ein zur Information, Partizipation und Vernetzung. Sie bündelt sie europaweit qualitativ hochwertige Inhalte – werbefrei, offen und multilingual. Unter hohen Datenschutzstandards soll sie darüber hinaus als Kommunikationsplattform dienen.

Europa der Kommunen und Regionen

Getreu dem Subsidiaritätsprinzip soll Europa da unterstützen, wo Kommunen an ihre Grenzen stoßen – aber nicht jeden Lebensbereich regulieren. In EU-Handelsabkommen braucht es Ausnahmen für die kommunale Daseinsvorsorge sowie für öffentliche und soziale Dienstleistungen. Kommunen und Regionen brauchen mehr Mitsprache auf europäischer Ebene, unter anderem über einen gestärkten Ausschuss der Regionen. Bei Gestaltung und Vergabe von Förderprogrammen setzen wir auf das Partnerschaftsprinzip.

Kapitel 6: International zusammenarbeiten

Wir treiben die sozial-ökologische Transformation voran

Schubkraft für globale Transformation

In den nächsten Jahren braucht es dringend einen energischen Schub für eine sozial-ökologische Transformation. Die nachhaltigen Entwicklungsziele der Agenda 2030 und des Klimaabkommens von Paris waren ein Aufbruch. Wir wollen einen Nachhaltigkeits- und Menschenrechts-TÜV für alle Politikbereiche einführen. Es gilt, unsere internationalen Zusagen einzuhalten und die öffentlichen Ausgaben für Entwicklungszusammenarbeit im Rahmen der ODA-Quote sowie der internationalen Klimafinanzierung und Biodiversität zu erfüllen. Deutschlands Beitrag soll die ODA-Quote erfüllen und bis 2025 acht Milliarden Euro zur internationalen Klimafinanzierung bereitstellen.

Klimaaußenpolitik

Klimaaußenpolitik bedeutet zum einen, dass wir Europäer*innen unseren Bedarf an grüner Energie durch Klimapartnerschaften decken helfen. Andererseits werden wir so endlich unserer historischen Verantwortung gerecht, indem wir Elektrifizierung und Technologietransfers und den Ausbau der Erneuerbaren Energien insbesondere in afrikanischen Ländern vorantreiben –

mit der Stärkung bestehender Fonds für Klimaanpassung und Klimaschutz („Adaptation and Mitigation") und mit einem neuen Fonds zum Ausgleich von Schäden und Verlusten („Loss and Damage").

Klima- und Umweltschutz schützt Menschenrechte

Wir treten für verbindliche Mechanismen zum Schutz von Menschen ein, die aufgrund von Extremwetterereignissen oder schleichender Umweltveränderung ihre Heimat verlassen müssen. Zugleich wollen wir jene Staaten in die Pflicht nehmen, die historisch am meisten zur Erderwärmung beigetragen haben. Die „Task Force on Displacement" wollen wir strukturell stärken und setzen uns dafür ein, dass ihre Empfehlungen ebenso umgesetzt werden wie der Globale Pakt für eine sichere, geordnete und reguläre Migration sowie der Globale Pakt für Flüchtlinge.

Armut weltweit bekämpfen

Menschen müssen weltweit sozial abgesichert werden. Wir wollen gemeinsam mit lokalen Organisationen und Expert*innen zum Aufbau und einer nachhaltigen Stärkung von sozialen Sicherungssystemen beitragen. In einem ersten Schritt durch finanzielle Direkthilfen („social cash tranfers") im Rahmen der ODA-Mittel. Grundsätzlich wollen wir, dass soziale Sicherungsprogramme die vulnerabelsten Gruppen erreichen – und Geschlechtergerechtigkeit und sozialen Zusammenhalt fördern.

Wir stärken die multilaterale Zusammenarbeit

Vereinte Nationen reformieren

Das Engagement Deutschlands und der EU für die Vereinten Nationen werden wir finanziell, personell und diplomatisch substanziell verstärken, besser koordinieren und internationale Vereinbarungen konsequent in nationale und europäische Politik umsetzen. So schaffen wir die Voraussetzungen für notwendige Reformen des VN-Systems. Der Sicherheitsrat und andere Organe der Vereinten Nationen sollten an die Realitäten des 21. Jahrhunderts angepasst werden. Das Konzept der Vetomächte ist nicht mehr zeitgemäß.

Resilienz gegen Epidemien erhöhen – WHO stärken

Wir wollen die WHO in ihrer Ausstattung mit deutlich höheren Beiträgen und einem klaren Mandat als koordinierende Organisation der globalen Gesundheit stärken. In der Gruppe der G20 werden wir uns dafür einsetzen, ihr einen formellen Sitz einzuräumen. Medikamente und Impfstoffe müssen in allen Ländern erschwinglich und zugänglich sein, das Patenrecht entsprechend *flexibel. Monopole auf geistiges Eigentum zur Bekämpfung von Krankheiten dürfen den Zugang zu überlebenswichtigen Schutzmaterialien, Impfstoffen und Arzneimitteln nicht versperren.*

50 Prozent Frauen in internationalen Verhandlungen

Wir wollen schrittweise für Deutschland und Europa eine 50 Prozent-Quote für Frauen in allen diplomatischen und multilateralen Verhandlungen, für die Entsendung in internationale Organisationen sowie auf den Umsetzungsebenen durchsetzen. Es braucht vergleichbare Kriterien, Standards, Indikatoren und Zeitrahmen für die Gleichstellungspläne der Ministerien, vergleichbar mit dem „Gender Equality Plan" nach dem Vorbild der schwedischen Regierung.

Wir arbeiten an guten Beziehungen in einer multipolaren Welt

Für eine aktive europäische Nachbarschaftspolitik

Wir treten für Fortschritte bei der europäischen Integration des westlichen Balkans und eine Aufnahme der Beitrittsgespräche mit Albanien und Nordmazedonien ein. Wir unterstützen die demokratische Zivilgesellschaft und unabhängige Medien in den östlichen Nachbarländern und wollen mehr Austausch zwischen Ost und West ermöglichen. Den EU-assoziierten Ländern der Östlichen Partnerschaft wollen wir den Weg zu einem EU-Beitritt offenhalten. Den Mittelmehrraum wollen wir im Rahmen ambitionierter Energiepartnerschaften gemeinsam zu einer Plus-Energie-Region machen.

USA

Die transatlantische Partnerschaft muss erneuert, europäisch gefasst, multilateral und an klaren gemeinsamen Werten und demokratischen Zielen ausgerichtet werden – mit einem starken gemeinsamen Impuls für die weltweite Klimapolitik. Wir wollen uns gemeinsam für den weltweiten Menschenrechtsschutz und eine regelbasierte Weltordnung einsetzen und über den Umgang mit autoritären Staaten wie China und Russland verständigen. Die EU und ihre Mitgliedstaaten müssen selbst mehr außen- und sicherheitspolitische Verantwortung übernehmen.

China

Wir verlangen von China ein Ende seiner eklatanten Menschenrechtsverletzungen etwa in Xinjiang und Tibet und zunehmend auch in Hongkong. Es braucht dennoch einen konstruktiven Klima-Dialog mit China. Unsere Handelsbeziehungen mit China wollen wir nutzen, um fairen Marktzugang für ausländische Investitionen, Rechtssicherheit und gleiche Wettbewerbsbedingungen einzufordern. Wir werden an einer engen europäischen und transatlantischen Koordinierung gegenüber China arbeiten, besonders auch in den Bereichen 5G-Ausbau und Schutz kritischer Infrastruktur.

Russland
Die mutige Zivilgesellschaft, die der immer härteren Repression durch den Kreml die Stirn bietet und für Menschenrechte, Demokratie und Rechtsstaatlichkeit kämpft, wollen wir unterstützen und den Austausch intensivieren. Wir werden an einer Lockerung der Sanktionen zu den klaren Bedingungen der EU festhalten und sie bei Bedarf verschärfen. Das Pipeline-Projekt Nord Stream 2 muss gestoppt werden.

Türkei
Wir verurteilen die Menschenrechts- und Rechtstaatsverletzungen, fordern eine Freilassung aller politischen Gefangenen und die Rückkehr zu einem politischen Dialog- und Friedensprozess in der kurdischen Frage. Wir weisen die aggressive Außenpolitik der türkischen Regierung entschieden zurück und fordern sie auf, zu einer multilateralen Außen- und Sicherheitspolitik zurückzukehren. Der bestehende EU-Türkei-Deal untergräbt internationales Asylrecht ist gescheitert und muss daher beenden werden. Dafür braucht es ein neues, völkerrechts- und rechtsstaatskonformes Abkommen.

Israel und Palästina
Die Existenz und die Sicherheit Israels als nationale Heimstätte des jüdischen Volkes mit gleichen Rechten für all seine Bürger*innen sind unverhandelbar. Die Fortsetzung der engen Beziehungen sowie Frieden und Stabilität im Nahen Osten sind ein zentrales Anliegen deutscher Außen- und Sicherheitspolitik. Einseitige Maßnahmen wie eine Annexion von besetzten Gebieten oder der fortschreitende völkerrechtswidrige Siedlungsbau laufen dem Ziel einer friedlichen und politischen Lösung des Konflikts entgegen. Für Frieden und Sicherheit braucht es eine Zweistaatenregelung mit zwei souveränen, lebensfähigen und demokratischen Staaten für Israelis und Palästinenser*innen.

Nachbarschaft und Partnerschaft mit Afrika
Die Zukunft liegt in einer Afrikapolitik, die sich von kolonialen und patriarchalen Denkmustern freimacht und gleichzeitig die europäische Verantwortung gegenüber dem Kontinent ernst nimmt. Wir machen uns für eine gemeinsame und kohärente EU-Afrika-Strategie stark, die Zukunftsthemen wie

Klimaschutz und Digitalisierung ebenso ins Zentrum rückt wie die globale sozial-ökologische Transformation und zivile Krisenprävention. Der Afrikanischen Union stehen wir bei der Umsetzung ihrer Agenda 2063 und der regionalen Entwicklungsagenden nach Kräften zur Seite.

Wir verteidigen die Menschenrechte

Menschenrechtsverteidiger*innen schützen

Menschenrechtsverteidiger*innen bedürfen unseres Schutzes, unserer Solidarität und aktiven Unterstützung – auf allen Ebenen. An den besonders betroffenen deutschen Auslandsvertretungen sollten Menschenrechts-referent*innen als extra Anlaufstelle etabliert werden. Für Menschenrechtsverteidiger*innen, die in ihrem Land akut gefährdet sind, wollen wir schneller und häufiger humanitäre Visa bereitstellen und die Elisabeth-Selbert-Initiative zu ihrer temporären Aufnahme ausbauen.

Kriegsverbrecher*innen zur Rechenschaft ziehen

Verbrechen gegen die Menschlichkeit, Völkermord und Kriegsverbrechen dürfen nicht ungestraft bleiben. Das deutsche Völkerstrafrecht bietet die Möglichkeit der Verurteilung auch hier in Deutschland. Dazu werden wir die Kapazitäten ausbauen. International setzen wir uns für die Untersuchung und Verfolgung von schwersten Kriegsverbrechen in Syrien (IIIM) ein – politisch wie finanziell. Die individuelle Trauma Bearbeitung wollen wir durch mehr qualifiziertes Personal und sichere Traumazentren vor Ort auch mit unseren internationalen Partnern und in Deutschland deutlich ausbauen.

Keine Überwachungstechnologie für Diktaturen

Oft sind es europäische Überwachungstools, die es autokratischen Regierungen ermöglichen, unliebsame Aktivist*innen zu verfolgen. Wir zielen auf ein europäisches Moratorium für die Ausfuhr, den Verkauf und die Weitergabe von Überwachungsinstrumenten an repressive Regime. Wir fördern die Entkriminalisierung verschlüsselter Kommunikation, da diese tagtäglich Menschenleben rettet.

Für Selbstbestimmung von Frauen und Mädchen weltweit

Ohne Geschlechtergerechtigkeit kann auch Armut nicht wirksam bekämpft werden. Wir setzen uns konsequent für die Rechte von Frauen und Mädchen weltweit ein. Bildung und Gesundheit sind dafür die Schlüssel. Wir engagieren uns dafür, Frauen und Mädchen den uneingeschränkten Zugang zu gleichwertiger Bildung zu sichern sowie ihre sexuellen und reproduktiven Rechte zu schützen. Unsere internationale Zusammenarbeit werden wir darum finanziell und konzeptionell auf diese Aufgabe hin ausrichten.

Menschenrechtskonventionen umsetzen, Institutionen stärken

Internationale Menschenrechtskonventionen müssen ratifiziert und Menschenrechtsinstitutionen gestärkt werden. Auf europäischer Ebene setzen wir uns für die Umsetzung der Urteile des Europäischen Gerichtshofs für Menschenrechte ein. Die Beauftragte der Bundesregierung für Menschenrechtspolitik und Humanitäre Hilfe, die Nationale Stelle zur Verhütung von Folter und das Deutsche Institut für Menschenrechte wollen wir besser ausstatten.

Rechte von Minderheiten schützen

Wir setzen uns dafür ein, die Rechte von Minderheiten auf internationaler Ebene zu stärken – auch innerhalb der EU und treten außenpolitisch für die weltweite Umsetzung der Yogyakarta-Prinzipien zum Schutz von LSBTIQ* ein. In der Entwicklungspolitik wollen wir hier einen neuen Fokus setzen und unser Engagement deutlich steigern. In der EU werden wir uns für die Verabschiedung der 5. Antidiskriminierungsrichtlinie einsetzen. Den EU-Aktionsplan gegen Rassismus treiben wir national und international voran.

Wir schützen Geflüchtete

Eine menschenwürdige Flüchtlingspolitik in Europa umsetzen

Der Blockade einer gemeinsamen und humanen Flüchtlingspolitik zwischen den Mitgliedstaaten begegnen wir mit folgendem Plan: In gemeinschaftlichen von den europäischen Partnern geführten Einrichtungen innerhalb der EU an den rechtsstaatlich und europäisch kontrollierten EU-Außengrenzen sollen die Geflüchteten registriert werden und einen ersten Sicherheitscheck durchlaufen. So wissen wir, wer zu uns kommt, und werden zugleich unserer humanitären Verantwortung gerecht. Die Menschen, die nach Europa kommen, müssen medizinisch und psychologisch erstversorgt und menschenwürdig untergebracht werden. Unter Berücksichtigung persönlicher Umstände wie familiären Bindungen oder Sprachkenntnissen bestimmt die EU-Agentur für Asylfragen den Aufnahme-Mitgliedstaat. Der zugrundeliegende Verteilmechanismus stützt sich zunächst auf die Bereitschaft von Regionen und Städten, Geflüchtete freiwillig aufzunehmen. Wer das tut, erhält Hilfe aus einem EU-Integrationsfonds. Reichen die Aufnahmeplätze nicht aus, weiten alle Mitgliedstaaten im Verhältnis von Bruttoinlandsprodukt und Bevölkerungsgröße verpflichtend ihr Angebot aus oder leisten einen mindestens gleichwertigen Beitrag zu den Gesamtkosten. Das Asylverfahren findet im aufnehmenden

Mitgliedstaat statt. Die Kommission stellt sicher, dass die gemeinsamen Regeln und Mindeststandards eingehalten werden. Wir werden mit handlungswilligen Ländern und Regionen vorangehen, um die derzeitige katastrophale Situation an den Außengrenzen zu beenden. Geschlossene Lager, Transitzonen oder europäische Außenlager in Drittstaaten lehnen wir ab.

Familien zusammenführen

Niemand sollte für das völkerrechtlich verbriefte Recht, um Asyl zu ersuchen, das eigene Leben oder das der Familie riskieren müssen. Wir wollen sichere und geordnete Zugangswege schaffen. Wir treten dafür ein, die Einschränkungen beim Familiennachzug wieder aufzuheben. Auch Menschen mit subsidiärem Schutzstatus müssen deshalb ihre Kernfamilien ohne die bisherigen Einschränkungen nachholen können und mit Flüchtlingen gleichgestellt werden. Wir wollen den Geschwisternachzug wieder ermöglichen. An deutschen und europäischen Botschaften braucht es mehr Personal und die Möglichkeit, digital Anträge zu stellen, um die Wartezeiten für Visa von Familienangehörigen zu verkürzen. Auch mit humanitären Visa möchten wir Schutzbedürftigen die Möglichkeit geben, sicher nach Europa zu kommen und hier um Asyl zu ersuchen.

Sichere Zugangswege durch humanitäre Aufnahmepartnerschaft

Im Rahmen des Resettlement-Programms des UNHCR werden durch die Vereinten Nationen anerkannte, besonders schutzbedürftige Geflüchtete solidarisch und geordnet auf die Aufnahmeländer verteilt, statt sie ihrem Schicksal auf gefährlichen Fluchtrouten zu überlassen. Im Globalen Pakt für Flüchtlinge ist die Weltgemeinschaft übereingekommen, das Resettlement zu verstärken. Doch faktisch sinkt die Zahl der Aufnahmeplätze seit Jahren. Wir schlagen vor, zusammen mit der neuen US-Administration und Kanada sowie anderen in einer globalen humanitären Partnerschaft die Aufnahme besonders schutzbedürftiger Geflüchteter aus dem Resettlement-Programm deutlich auszubauen. Das individuelle Asylrecht bleibt durch das Resettlement unangetastet.

Landesaufnahmeprogramme ermöglichen

Mehrere Bundesländer und über 200 Kommunen in Deutschland sind bereit, mehr Geflüchtete als von der Bundesregierung zugesagt bei sich aufzunehmen. Wir wollen eine humanitäre Aufnahmepolitik, bei der der Bund und die Länder kooperativ zusammenarbeiten und die die Aufnahmebereitschaft von Kommunen und Ländern nicht mehr ignoriert. Länder und Kommunen sollen mehr Mitsprache- und Gestaltungsmöglichkeiten erhalten, wenn es um die humanitäre Aufnahme Geflüchteter geht. Mit einer Änderung der Zustimmungsregel zwischen dem Bundesinnenministerium und den Ländern von Einvernehmen in Benehmen wollen wir klarstellen, dass sich Bundesländer künftig über den Königsteiner Schlüssel hinaus selbstständig und frei für die Aufnahme von Geflüchteten entscheiden können. Der Bund soll weiter die finanziellen und infrastrukturellen Aufgaben erfüllen.

Menschenrechte einhalten, Außengrenzen sichern

Wir streiten weiter für eine zivile und flächendeckende, europäisch koordinierte und finanzierte Seenotrettung. Wir stehen fest an der Seite zivilgesellschaftlicher Rettungsinitiativen und treten dafür ein, dass die Kriminalisierung und behördliche Behinderung ihrer Arbeit beendet wird. Wir wollen, dass die Seenotrettung explizit ins Aufgabenprofil von Frontex aufgenommen wird, und setzen auf eine europäische Grenzkontrolle, die den gemeinsamen Schutz der Menschenrechte zur Grundlage hat und wichtige grenzpolizeiliche Aufgaben wahrnimmt, ohne sie zur Fluchtabwehr zu missbrauchen. Völkerrechtswidrige Pushbacks, von nationalen Grenzpolizeien oder Frontex begangen, müssen geahndet werden. Das entsprechende Monitoring durch die EU-Grundrechteagentur wollen wir ausbauen. Es bedarf einer engen parlamentarischen Kontrolle von Frontex-Einsätzen sowie einer systematischen Menschenrechtsbeobachtung vor Ort.

Aufnahme- und Transitländer unterstützen

Wir wollen die finanzielle und logistische Unterstützung von Erstaufnahme- und Transitländern sowie der dort tätigen Hilfsorganisationen ausbauen. „Migrationspartnerschaften" mit repressiven Regimen lehnen wir ab genauso wie die Kooperation mit der libyschen Küstenwache. Statt „sichere Herkunftsländer" zu definieren, brauchen wir für Rückführungen menschenrechtskonforme Rücknahmeabkommen. Wir wollen denjenigen Ländern, die ihren Staatsbürger*innen nach einer Rückkehr Sicherheit garantieren, im Gegenzug über Visaerleichterungen oder Ausbildungspartnerschaften verlässliche Aussicht auf eine geordnete Migration eröffnen. Rücknahmeabkommen dürfen aber nicht zur Bedingung in anderen Politikbereichen, etwa entwicklungspolitischer oder rechtsstaatlicher Unterstützung, gemacht werden und nicht für Drittstaatsangehörige gelten.

Fluchtursachen strukturell angehen

Viele politische Entscheidungen, die wir in Deutschland und Europa treffen, haben direkte Auswirkungen auf die Lebensbedingungen in anderen

Weltregionen. Wir machen uns stark für zivile Krisenprävention und wollen mit einer restriktiven Ausfuhrkontrolle europäische Rüstungsexporte in Kriegs- und Krisengebiete sowie an Autokraten beenden. Wir setzen uns für ein gerechtes Handelssystem ein, das auch den Interessen des globalen Südens dient. Wir treiben die sozial-ökologische Transformation unserer Wirtschaft voran. Uns ist bewusst: Nicht alle Ursachen von Vertreibung können wir beeinflussen. Umso entscheidender ist konsequentes Handeln überall dort, wo auch unser Wirtschaften und Konsumieren andernorts zu Ausbeutung oder Perspektivlosigkeit führen.

Wir streiten für eine gerechte Weltwirtschaftsordnung

Globale Krisenprävention
Unser Ziel bleibt langfristig der Aufbau eines kooperativen Weltwährungssystems. Der IWF muss in Krisensituationen sehr viel mehr Liquidität unkonditioniert bereitstellen können. Deutschland und Europa könnten vorangehen und nicht genutzte Sonderziehungsrechte Entwicklungsländern zur Verfügung stellen, wie Kanada es bereits getan hat. Der IWF sollte Entwicklungsländern auch bei der Einführung und Durchführung von Kapitalverkehrskontrollen helfen. Das Stimmengewicht muss sich zugunsten von Entwicklungsländern verschieben. Die EU-Staaten sollten ihre Stimmrechte zusammenlegen.

Entwicklung ermöglichen, Schulden streichen

Viele Entwicklungsländer sind überschuldet. Beispielsweise gibt Pakistan 40 Prozent seines Etats für den Schuldendienst, aber nur zwei Prozent für Gesundheit aus. Wir brauchen einen echten Schuldenerlass. Dafür muss ein international transparentes und unabhängiges Staateninsolvenzverfahren für die Länder geschaffen werden, die nicht in ihrer eigenen Währung verschuldet sind. Schuldenerlasse und -umwandlungen soll es für Maßnahmen im Gesundheitsbereich sowie im Kampf gegen die wirtschaftlichen und sozialen Folgen der Corona-Krise geben. Zudem werden wir uns für ein langfristiges globales Corona-Hilfspaket für strukturschwache Länder, Krisenregionen sowie Flüchtlingslager engagieren.

Spekulation mit Nahrungsmitteln verbieten
Nahrungsmittelpreise sind oft starken Schwankungen unterworfen. Verantwortlich dafür sind nicht nur Wetter und Ernten, sondern auch skrupellose Spekulanten, die fette Profite machen, wenn Menschen hungern. Wir werden

uns in der EU für striktere Regulierungen einsetzen, um das Nahrungsmittelspekulation zu unterbinden.

Wir treten ein für Frieden und Sicherheit

Vorausschauend für den Frieden

Wir ergänzen den traditionellen Sicherheitsbegriff um die menschliche Sicherheit und rücken damit die Bedürfnisse von Menschen in den Fokus. Den Europäischen Auswärtigen Dienst (EAD) und die Gemeinsame Außen- und Sicherheitspolitik (GASP) gilt es zu stärken. Die personellen und finanziellen Mittel für zivile Krisenprävention sollten gezielt erhöht und langfristig planbarer werden. Wir wollen eine permanente und schnell einsatzbereite Reserve an EU-Mediator *innen und Expert*innen für Konfliktverhütung, Friedenskonsolidierung und Mediation aufbauen. Es gilt, Instrumente der Krisenfrüherkennung und Analysekapazitäten zu stärken, um auch die langfristigen Folgen der Pandemie abwenden zu können.

Internationale Politik feministisch gestalten

Frauen, Mädchen und marginalisierte Gruppen sind in besonderem Maße von Kriegen, Konflikten und Armut betroffen. Es geht darum, die Perspektiven von Frauen, Mädchen und marginalisierte Gruppen zu stärken, zu schützen und bei allen bi- oder multilateralen Verhandlungen immer mindestens gleichberechtigt einzubeziehen. Dazu braucht es auch Genderanalysen für einzelne Länderkontexte, bedarfsgerechte Strategien und Genderbudgeting. Es gilt, die Umsetzung der VN-Resolution 1325 „Frauen, Frieden, Sicherheit" voranzutreiben, sexualisierte und genderbasierte Gewalt entschieden einzudämmen, die reproduktiven Rechte von Frauen zu schützen und die Sicherheit und Partizipation von Frauen und Mädchen in den Fokus zu nehmen.

Auswärtige Kultur- und Bildungspolitik stärken

Die Auswärtige Kultur- und Bildungspolitik sichert Zugänge zur Zivilgesellschaft vor allem in Krisenzeiten, stärkt demokratischen Austausch und baut neue Partnerschaften auf. Auch die Aufarbeitung der Verbrechen des Nationalsozialismus werden wir durch internationale Kultur- und Jugendbegegnungen und durch zivilgesellschaftlichen Austausch stärken. Die Verantwortung für die koloniale Vergangenheit Deutschlands wollen wir zum Beispiel in gemeinsamen Geschichtsbuchkommissionen mit ehemaligen kolonialisierten Staaten aufarbeiten.

Europarat und OSZE stärken

Damit die Vision einer friedlichen Zukunft für alle Europäer*innen Wirklichkeit werden kann, wollen wir die gemeinsamen, über die EU hinausreichenden europäischen Institutionen wie den Europarat und die OSZE stärken und weiterentwickeln, um alle europäischen Staaten einzubinden. Es bleibt Ziel, die östlichen Nachbarn Europas auf der Basis gemeinsamer Werte für eine solche Perspektive zu gewinnen.

Neuen Schub für Abrüstung

Unser Anspruch ist noch immer nichts Geringeres als eine atomwaffenfreie Welt. Wir wollen den transatlantischen Neustart nutzen, um mit den USA über Barack Obamas „Global Zero" ins Gespräch zu kommen. Eine Welt ohne Atomwaffen gibt es nur über Zwischenschritte: Internationale Initiativen zur Reduzierung der Zahl von Atomwaffen, ein Verzicht der NATO auf jeden Erstschlag und eine breite öffentliche Debatte über veraltete Abschreckungsdoktrinen des Kalten Krieges. Dazu gehört ein Deutschland frei von Atomwaffen und ein Beitritt Deutschlands zum VN-Atomwaffenverbotsvertrag. Wir wissen, dass dafür zahlreiche Gespräche im Bündnis notwendig sind, auch mit unseren europäischen Partnerstaaten, und vor allem die Stärkung der Sicherheit und Rückversicherung unserer polnischen und baltischen Bündnispartner.

Keine deutschen Waffen in Kriegsgebiete und Diktaturen

Wir wollen eine gemeinsame restriktive Rüstungsexportkontrolle der EU mit einklagbaren strengen Regeln und Sanktionsmöglichkeiten. Kooperationen mit dem Sicherheitssektor anderer Staaten müssen an die Einhaltung demokratischer, rechtsstaatlicher und menschenrechtlicher Kriterien geknüpft werden. Für Deutschland werden wir ein Rüstungsexportkontrollgesetz vorlegen und ein Verbandsklagerecht bei Verstößen gegen das neue Gesetz einführen. Hermesbürgschaften für Rüstungsexporte darf es nicht geben. Den Einsatz von Sicherheitsfirmen in internationalen Konflikten wollen wir streng regulieren und private Militärfirmen verbieten.

Autonome tödliche Waffensysteme international ächten

Im Sinne von Frieden und Stabilität wollen wir Autonomie in Waffensystemen international verbindlich regulieren und Anwendungen, die gegen ethische und völkerrechtliche Grundsätze verstoßen, ächten und verbieten. Das gilt auch für digitale Waffen wie Angriffs- und Spionagesoftware.

Sicherheit im Cyber-Raum schaffen

Wir wollen den Einsatz von militärischen Cyberfähigkeiten durch die Bundeswehr ausnahmslos der parlamentarischen Kontrolle des Deutschen Bundestages unterstellen. Die Bundeswehr muss kontinuierlich an der Stärkung ihres Eigenschutzes arbeiten, ohne ihr defensives Selbstverständnis aufzugeben. Es braucht dringend eine internationale Initiative zur Rüstungskontrolle und vertrauensbildende Maßnahmen für den Cyberraum. Wir setzten uns für weltweit anerkannte Regeln im Cyberraum sowie eine Selbstverpflichtung ein, zivile Infrastruktur nicht militärisch anzugreifen.

Internationale Schutzverantwortung wahrnehmen

Wir bekennen uns zu internationalen Friedenseinsätzen im Rahmen der Vereinten Nationen, die zu Stabilität, Sicherheit und Frieden beitragen. Die Anwendung militärischer Gewalt als Ultima Ratio kann in manchen Situationen nötig sein, um Völkermord zu verhindern und die Möglichkeit für eine politische Lösung eines Konflikts zu schaffen. Ein Militäreinsatz braucht einen klaren und erfüllbaren Auftrag, ausgewogene zivile und militärische Fähigkeiten und unabhängige (Zwischen-)Evaluierungen. Bei Eingriffen in die Souveränität eines Staates oder dort, wo staatliche Souveränität fehlt, braucht es ein Mandat der Vereinten Nationen. Wenn das Vetorecht im Sicherheitsrat missbraucht wird, um schwerste Verbrechen gegen die Menschlichkeit zu decken, steht die Weltgemeinschaft vor einem Dilemma, weil Nichthandeln genauso Menschenrechte und Völkerrecht schädigt wie Handeln.

Moderne Bundeswehr

Wir wollen die Bundeswehr entsprechend ihrem Auftrag und ihren Aufgaben personell und materiell sicher ausstatten. Deutschland soll sich auf seine Bündnispartner verlassen können und genauso sollen sich die Bündnispartner auf Deutschland verlassen. Die Gesamtverantwortung für den Einsatz muss begründet, Informationen über alle Operationen im Einsatz den Verbündeten vollständig zugänglich sein. Die Bundeswehr soll die Vielfalt unserer Gesellschaft abbilden. Menschenfeindliche Ideologien und rechtsextremistische Strukturen in der Bundeswehr werden wir konsequent verfolgen und zerschlagen.

NATO strategisch neu ausrichten

Wir brauchen eine strategische Neuaufstellung der NATO, eine gemeinsame Bedrohungsanalyse und darauf aufbauend eine Debatte über eine faire Lastenverteilung zwischen den Mitgliedstaaten. Das willkürliche NATO-Zwei-

Prozent-Ziel, das vor fast zwanzig Jahren verabschiedet wurde, gibt darauf keine Antwort und wir lehnen es deshalb ab. Wir setzen uns für eine neue Zielbestimmung ein, die nicht abstrakt und statisch ist, sondern von den Aufgaben ausgeht, und werden mit den Nato-Partnern darüber das Gespräch suchen.

Die EU-Sicherheitsunion vorantreiben

Die gemeinsame Sicherheits- und Verteidigungspolitik (GSVP) setzt eine gemeinsame EU-Außenpolitik voraus. Wir wollen eine EU-Sicherheitsunion etablieren mit einer starken parlamentarischen Kontrolle und einer gemeinsamen restriktiven Rüstungsexportpolitik. Anstatt immer mehr Geld in nationale, militärische Parallelstrukturen zu leiten, sollte die verstärkte Zusammenarbeit der Streitkräfte in der EU ausgebaut, militärische Fähigkeiten gebündelt und allgemein anerkannte Fähigkeitslücken geschlossen werden. Die Umwidmung ziviler Gelder aus dem EU-Haushalt für militärische Zwecke lehnen wir ab.

6. Kernkompetenzen: Mehr Schein als Sein - Eine kritische Würdigung des Wahlprogramms

6.1 Vorbemerkung

Die Grünen, die aus der Friedensbewegung entstanden und aus der Anti Atom-Reaktion geboren sind, haben sich seit über 30 Jahren angebliche Kompetenzen hinsichtlich der Umwelt angeeignet und verstehen sich zum Teil als Bewahrer und Beschützer der gesamten Umwelt. Betrachtet man jedoch die einzelnen Elemente der Umwelt genau, so muss man feststellen, dass das Prinzip der Grünen eher eine Fata Morgana widerspiegelt als reale politische Bemühungen.

Hier ist festzuhalten, dass der Autor sich mit der Problematik des Wassers und des Wassermanagements seit seinen Berufsanfängen in den Siebzigerjahren auseinandersetzt und erhebliche Erfahrung angesammelt hat. Was die Grünen angeht, müssen jedoch zunächst die Widersprüche zwischen Sein und Schein ihrer sogenannten Kompetenzen sowie die offenen Fragen angesprochen werden.

6.2 Landwirtschaft

In Bezug auf die Landwirtschaft, die von manchen grünen Politikern stets an den Pranger gestellt wird und dabei vor allem die intensive Bewirtschaftung der Felder, wird regelmäßig ein erhebliches Strukturelement vergessen. Seitens der Landwirtschaftsministerin wurde im Jahr 2020 festgehalten, dass fast 60 % der Agrarfläche nicht Landwirten und Investoren bzw. Finanzinvestoren gehören und dass der Kaufpreis für Agrarflächen zwischen 2005 und 2019 um mehr als 200 % gestiegen ist. Entsprechend haben sich auch die Pachten, die die Landwirte zahlen mussten, während dieser Zeit verdoppelt - bei gleichem Ertrag.

Insoweit ist es verständlich, dass viele Landwirte so viel wie möglich aus Agrarflächen herausholen müssen, um überhaupt zu überleben. Es fragt sich, was haben die Grünen an positiven Vorschlägen während dieser Zeit gemacht, anstatt die Landwirte an den Pranger zu stellen? Nämlich nichts.

Im Übrigen gilt das gleiche auch für das Halten von Vieh, d. h. also z.B. von Kühen und Kälbern und damit auch für die Produktion von Milch. Warum hat die Partei der Grünen nicht ihren gesamten Einfluss geltend gemacht, um in Brüssel eine Änderung der hirnsinnigen Landwirtschaftsoperationen durchzuführen. Warum hat die grüne Partei nicht stark interveniert und die Straße mobilisiert, um die Macht von Lidl, Aldi und Co. zu brechen, damit ein fairer Preis bezahlt werden kann.

Wo bleibt außer sporadischen Aktionen eine konstante Strategie in der Politik? Es ist darauf hinzuweisen, dass die Grünen seit Jahren in mehreren Bundesländern mitregieren und dabei anscheinend vergessen haben, ihre angeblichen Kernkompetenzen weiterzuverfolgen. Warum werden die angeblich billigen Nahrungsmittel nicht durch mehr Zuschüsse für die ärmere Bevölkerung subventioniert, damit auch sie den fairen Preis bezahlen. Und hier zeigt sich, dass die Partei der Grünen stets die Interessen von Wohlhabenden und nicht der sozial Benachteiligten verfolgt.

6.3 Wald

Wenn die grüne Partei behauptet, sie würde ihre Politik vorausschauend denken und umsetzen, so bringt dies viele Waldbesitzer lediglich zu einem müden Lächeln. Fakt ist, dass die Problematik der Waldbesitzer den Grünen seit über 35 Jahren bekannt ist. Fakt ist, dass die Problematik der Klimaänderung und der damit verbundenen Verschiebung von Regenfällen mindestens seit 20 Jahren bekannt ist. Fakt ist, dass 35 % des Wasserverbrauchs lediglich für die Toilette anfällt. Es stellt sich die Frage warum das aufbereitete Wasser nicht zu den Wäldern weitergeleitet werden könnte, damit eine gesicherte Bewässerung möglich ist? Warum haben die Grünen nicht dafür Sorge getragen, dass die Probleme der Monokulturen in der Welt in das Bewusstsein der Bevölkerung gelangt? Warum haben die Grünen nicht dazu beigetragen, dass die Schäden, die heute den Wäldern widerfahren sind, nicht vorausschauend vor Jahren in die Öffentlichkeit gebracht?

Fakt ist aber auch, dass die Grünen in den letzten 30 Jahren in irgendeiner Landesregierung beteiligt waren und sind. Was haben sie in diesen Jahren für den Wald geleistet: Nichts: Die Krokodils Tränen der Grünen über die Schäden am Wald sind nichts anders als Heuchlerei.

6.4 Meer

Die Problematik der Verschmutzung der Meere ist mindestens seit 40 Jahren bekannt. Die Konsequenzen aus der Verschmutzung der Meere sind ebenso lange bekannt. Die Abfischung der Meere ist ebenfalls seit mindestens 30 Jahren bekannt. Der Problematik der großen Schiffe und schlechten Dieselarten ist mindestens seit 35 Jahre bekannt. Die Auswirkungen des Meereszustands auf das Klima und letztendlich auf die Menschen ist seit 35 Jahren bekannt. Es fragt sich, warum die Grünen bis heute kaum nennenswerte Arbeit - und wenn es nur Kommunikationsarbeit über diese Problematik wäre – geleistet haben. Es fragt sich, warum die Verschlechterung des Zustands der Meere in der letzten 16 Jahren nicht durch die die Partei der Grünen thematisiert wird?

Die Probleme sind seit Jahren bekannt. Was hat die grüne Partei bis heute gemacht? Nichts - im Gegenteil, sie versuchten, die Fischer an den Rand der Kriminalität zu stellen. Insoweit ist der Arbeit der Grünen bezüglich des Zustands und der Verschlechterung der Meere nach objektiver Bewertung gleich 0.

6.5 Wasser

Wasser und Wassermanagement stellen eine Überlebensfrage der gesamten Menschheit dar. Der Glaube, dass das Vorhandensein von Wasser in Deutschland ausreichend sei, ist seit über 40 Jahren ein Trugschluss. Die Probleme und Wasserkrisen waren und sind in Deutschland seit Jahren bekannt. Anstatt allein über die Luftreinheit zu diskutieren: wie wäre es, wenn man sich der Qualität des Wassers und der Wasserversorgung in Deutschland mit genau der gleichen Intensität angenommen hätte, denn ohne Wasser ist kein Leben.

Die Wasserverteilung ist in Deutschland sehr ungleich. D. h. in Brandenburg, in Niedersachsen und sogar in Hessen kann durchaus bei *trockenen Sommern zu Wassermangel kommen. Demgegenüber hat Baden-Württemberg eher mehr Wasser als es braucht.*

Was haben die Grünen in den letzten 16 Jahren hinsichtlich des Wassermanagements, der Wasserversorgung und der Wasserqualität in Deutschland gemacht: Nichts.

Fakt ist, dass der Durchschnittsdeutsche zurzeit ca. 140 l pro Tag und pro Kopf an Trinkwasser verbraucht und davon allein für die Toilettenspülung 40 l. Es stellt sich die Frage: warum werden Klospülungen nicht mit Brauchwasser versorgt, das durch die Wasserwerke bzw. die Kläranlagen bereitgestellt wird. Klospülung benötigt keine Trinkwasserqualität. Warum haben die Grünen diese Thematik nicht veröffentlicht? Warum werden die Produkte nicht nach ihrer Wasserbilanz bewertet? Warum wird auch für die sogenannten modernen Technologien keine Wasserbilanz gemacht? Der Glaube, dass diese Technologien Wasser sparen, ist sehr oft widerlegt worden. Allein die Wasserbilanz der Sonnenkollektoren ist verheerend. Allein der Import von Baumwolle aus wasserarmen Ländern stellt eine Aggression gegenüber der dortigen Bevölkerung dar: Zum Beispiel hat 1 m² Baumwolle in der Wasserbilanz den Verbrauch eines Bauern in Ägypten für ein ganzes Jahr, nämlich 5000 l.

Wo bleibt der Aufschrei der Grünen? Wo bleibt der Aufschrei der Grünen beim Verkauf von Wasserrechten und Wassernutzungsrechten an private Konzerne wie Coca-Cola oder Nestlé? Wo bleibt der Aufschrei der Grünen beim Umgang mit Regenwasser in der Landwirtschaft als ein wesentliches Element der Vorsorge für Trockenheit und Dürren? Wo bleibt die Forderung der Grünen nach einem modernen Wassermanagement? Alle diese Punkte zeigen, dass keine Gewichtung der Elemente der Umwelt gewollt noch vorgenommen worden ist.

6.6 Elektroautos

Wer glaubt, dass mit einem Elektroauto eine saubere Technologie gekauft zu haben, der irrt sich von Grund auf. Dies wird vor allem bei der sogenannten Giga Fabrik der Firma Tesla in Brandenburg deutlich. Das Elektroauto und seine Batterien verbrauchen erhebliche Mengen an

Wasser, das nur schwer wieder zu verwenden ist. Für ein traditionelles Auto mit Verbrennungsmotor beträgt die Wasserbilanz 200-250 m³ pro Jahr. Dies entspricht dem Wasserverbrauch einer 4-köpfigen Familie pro Jahr. Für ein Elektroauto jedoch muss man mindestens die zweifache Menge ansetzen, d. h. 400-500 m³ pro Auto. Das Gesamtprojekt der Giga Fabrik wird betreut von einem Umweltminister der grünen Partei in Brandenburg, für die Baerbock die Spitzenkandidatin ist. Tatsache ist jedoch, dass die vorhandene Menge an Grundwasser in dieser Örtlichkeit nicht ausreicht, sie reicht noch nicht einmal für die Bevölkerung aus. Insoweit muss man nun über viele Kilometer hinweg Wasser heranschaffen. Bedenkt man, dass diese Firma nicht daran denkt, das knappe Wasser wieder zu verwenden, weil dies die Investition verteuern würde, so muss man sich fragen: Wo bleibt der grüne Vorsatz?

Wenn man seit Jahren predigt, dass das Heil der Umwelt im Elektroauto liegt und gleichzeitig nicht mal in der Lage ist, dafür Sorge zu tragen, dass die Stromleitungen in den Städten und in den Ländern nicht entsprechend umgebaut werden, so muss man sich fragen: Was hat die grüne Partei in den letzten 16 Jahren gemacht?

6.7 Wärmedämmung

Die Wärmedämmung wurde durch die grüne Partei und durch Lobbyisten der Hersteller so propagiert, dass keine Neubauten oder Sanierungsbauten möglich sind, ohne dass Wärmedämmung und Kunststofffenster mit Doppelt- und Dreifachverglasung angebracht werden. Dies versiegelt die Häuser so sehr, dass in den meisten Fällen mit Schimmel zu rechnen ist, sodass man mit Hilfskonstruktionen versucht den Schimmel zu beseitigen, was den Bau erheblich verteuert. Nicht nur dass diese Wärmedämmmatten erheblich teurer sind und Probleme hinsichtlich des Brandschutzes bestehen, auch ihre Erneuerung oder ihre Beseitigung ist mit erheblichen Kosten verbunden.

Hierzu folgende Zahlen: Während 2016 ein Container zur Entsorgung von alten Wärmedämmplatten ca. 350 € kostete, kostet der gleiche Container mit der gleichen Menge 2018 zwischen 5000-7000 €, denn diese Wärmeplatten werden als Sondermüll gekennzeichnet. Insoweit wurde abermals die Wärmedämmung von Häusern nicht zu Ende gedacht und sehr viele Bauherren sahen sich mit erheblichen Kosten konfrontiert, deren realer Nutzen nicht erkennbar ist. Auch hier haben abermals die Grünen ohne nachzudenken sich und vor allem der Bevölkerung falsche oder zumindest teurere Lösungen eingeredet.

6.8 Stromtrassen

Die Problematik der Elektroleitungen ist nicht erst seit heute bekannt. Bereits Anfang der 2000er Jahre wurde festgestellt, dass große Teile der Stromtrassen veraltet sind und erneuert werden müssen. Es stellt sich die Frage, warum die Grünen seit diesem Zeitpunkt nicht ihr gesamtes politisches Gewicht eingebracht haben um die Erneuerung voranzutreiben. In Deutschland sind heute ca. 44.000 km an Stromleitungen zu erneuern, davon sind lediglich 17.00km schon erneuert worden. Dabei sind die Stromleitungen zum Transport des grünen Stroms von Norden nach Süden oder von Norden nach Westen oder von Norden nach Osten von strategischer Bedeutung. Die Grünen regieren in verschiedenen Bundesländern mit und manche gerade dieser Bundesländer haben sich geweigert, über ihr Land die Leitungen verlegen zu lassen.

Und wenn die Grünen den Elektromotor und die Elektrofahrzeuge forcieren, stellt sich die Frage: Was passiert mit den Netzen, wenn plötzlich eine hohe Anzahl von Fahrzeugbesitzern an das Stromnetz geht? Bricht dann das Stromnetz zusammen? Die Gefahr besteht. Dies ist für die Grünen, die in vielen Städten und Ländern mitregieren, wohl bekannt und was wurde gemacht: Nichts.

6.9 Strompreise

Nun sind die Strompreise in Deutschland die höchsten weltweit. Dabei ist der Preis des Stromes an der Börse stets zurückgegangen. Es fragt sich: was macht den Preis des Stromes aus, den die armen und reichen Bürger bezahlen müssen. 40 % des Preises sind durch staatliche Maßnahmen bedingt, entweder als Umlage zur Subventionierung der Windparks und der Solarparks oder aufgrund der Verbrauchssteuern und Mehrwertsteuer. Es ist nicht mehr zu verantworten, dass die

Strompreise auch für die unteren sozialen Schichten so teuer sein müssen. Es ist ein Unding, dass Strom aus dem Norden von den Niederlanden gekauft wird und der deutsche Steuerzahler dies auch noch subventioniert. Es ist nicht mehr zu verantworten, dass man von grünem Strom redet und dabei alle möglichen Hindernisse für den Konsumenten legt, um diesen Strom zu genießen. Dabei liegt die Lösung der Probleme zu 80 % bei den Politikern und vor allem bei den angeblichen Vertretern der Philosophie des grünen Stroms, nämlich der Partei der Grünen. Hier zeigt sich ein Totalversagen der politischen Elite dieser Partei, die immerhin seit 16 Jahren kaum etwas dagegen getan hat, obwohl sie in mehreren Bundesländern mitregiert.

6.10 Umweltschäden durch Produktion von Batterien

Es wurde ein Hype um das Elektroauto gemacht, sodass erhebliche Milliarden an Subventionen, d. h. Steuergelder, in diesen Bereich fließen. Und insbesondere hat sich die grüne Partei äußerst stark engagiert um die Verwirklichung des Elektroautos zu erzwingen. Sie haben dabei jedoch übersehen, dass kein Entsorgungskonzept für die Batterien vorliegt, die genauso giftig sind wie die Reaktorkernstäbe. Sie haben auch nicht die Wasserbilanz der Batterien selbst und vor allem für die Fabriken zur Herstellung der Batterien evaluiert. Hinzu kommt, dass die Problematik der Batterien hinsichtlich des Wasserverbrauchs erheblich mit anderen Gütern des täglichen Lebens kollidiert. Problematisch wird zudem, dass die Umweltschäden durch die Produktion von Batterien weder strukturiert noch erkannt worden sind geschweige denn, dass ein Konzept für den Umgang damit vorhanden ist.

Gerade die Partei der Grünen, die sich erklärtermaßen das Vorgehen gegen Umweltschäden zu ihrer Philosophie erkoren hat, versagt abermals auch hier, denn sie hat die kritische Überprüfung ihrer eigenen Vorgaben und deren Umsetzung nicht vorgenommen.

6.11. Afrika

Die Grünen, und vor allem die Leitung der Partei der Grünen, versuchen sich als Samariter der ganzen Welt darzustellen. Sie versuchen sich für Flüchtlinge, Kriegsflüchtlinge usw. zu engagieren. Erstaunlicherweise haben die Grünen in den letzten 16 Jahren keine vernünftige Initiative für Afrika entwickelt, dabei hat sich die Situation der Umweltflüchtlingen erheblich verschärft, die im eigenen Land oder nach Norden flüchten.

Es ist erstaunlich, dass die angebliche Umweltpartei nicht wahrgenommen hat, dass man auch in der Wüste Bäume pflanzen kann, die letztendlich die weitere Ausdehnung der Wüste verhindern können. Sie hat auch bis heute kaum Initiative gezeigt, um die Problematik des Wassermanagements in Afrika zu verbessern. Sie beschränkt sich lediglich in ihrem Einsatz auf sogenannte politische Flüchtlinge. Dabei ist sie anscheinend blind gegenüber Verteilungskämpfen um Wasser in Afrika, verbunden mit Kriegen, verbunden mit Bürgerkriegen, und verbunden letztendlich mit Flucht. Es ist erstaunlich wie oberflächlich die Partei der Grünen den Problemen in Afrika gegenübersteht.

6.12. Mobilität

Es ist erstaunlich, dass die Partei der Grünen sich stets über die Mobilität und Entwicklung der Mobilität innerhalb der Städte und auf dem Land rühmt. Betrachtet man den Einsatz der Partei und ihrer Eliten in diesem Kontext, so muss man feststellen, dass sie Nichts aber auch nach wie vor Nichts getan haben. Die Abnahme des Busverkehrs auf dem Land ist sogar noch schlimmer geworden und nicht besser, dabei hätte man durchaus durch staatliche Maßnahmen diese Mobilitätsform besser gestalten können. In den Städten sind Straßenbahnen und Busse stets überfüllt, was in Zeiten der Pandemie dazu beiträgt, dass die Anzahl der Infizierten steigt. Auch in Städten und Kommunen, in denen die Grünen regieren oder mitregieren, wurde der ÖPNV stets vernachlässigt. Es ist nicht verständlich, dass bis auf wenige Ausnahmen der ÖPNV für die Verbraucher relativ teuer ist. Auch hier ist ein Totalversagen der

Partei der Grünen festzustellen, die sich nicht an ihre Grundsätze gehalten hat.

6.13 Digitalisierung

Fakt ist, dass Deutschland den Anschluss an die digitalisierte Welt verloren hat. Dies hat sich in schmerzlicher Weise während der Pandemie bemerkbar gemacht. Es fragt sich, warum die Grünen, die sich als Partei des Fortschritts sehen, nicht früher etwas dagegen getan haben, und wenn sie nur die Thematik in das Bewusstsein der Bevölkerung gebracht hätte. Hinzu kommt, dass die Partei der Grünen in verschiedenen Ländern, auch in Nordrhein-Westfalen, als wichtiger Koalitionspartner der SPD jahrelang mitregiert hat und nichts für die Weiterentwicklung der Digitalisierung getan hat. Dabei ist NRW das größte Bundesland hinsichtlich der Bevölkerungszahl. Was haben die Grünen in Berlin gemacht, wo sie noch heute mitregieren, für die Weiterentwicklung der Digitalisierung: Nichts. Was hat die Partei der Grünen in Baden-Württemberg gemacht, wo sie den Ministerpräsidenten stellt: Nichts. Insoweit sind die heutigen Aussagen zur Digitalisierung Krokodilstränen in ihrem Wahlprogramm und nichts anderes als Heuchlerei.

6.14 Forschung

Auch in Hinblick auf die Forschung, sei es Grundlagenforschung oder Anwendungsforschung, haben die Grünen in den letzten 16 Jahren nichts aber auch nichts gebracht. Dabei haben sie in mindestens der Hälfte der Bundesländer mitregiert. Die Ergebnisse der Forschung in all diesen Bundesländern sind unterdurchschnittlich.

6.15 Energie Alternativen: Brennzellen und Wasserstoff

Hinsichtlich der alternativen Energien hat sich die die Partei der Grünen vorgebracht als die Partei der alternativen und grünen Energien, seien es Windenergie, Solarenergie oder sonstige Energiequellen. Mit Ausnahme der Brennzellen und der Wasserstoff Technologien. Dabei können diese beiden Energiequellen durchaus und in erheblichem Maß dem Verkehr – seien es der Lkw-Verkehr, im Schienenverkehr und auch im Pkw-Verkehr dienen und manchen Schwerindustrien wie der Stahlindustrie. Zu bemerken ist, dass die Partei der Grünen kaum ein Konzept entwickelt geschweige Maßnahmen vorgesehen hat, um diese Art der Energie zu fördern. Hinzu kommt, dass man auch Forschungen hinsichtlich der Gewinnung von Energie durch Verdichtung von Licht schon gar nicht im Programm hat. Es fragt sich daher, ob die Partei der Grünen überhaupt ein gesamtes Bild der Energiegewinnung auf dem Schirm hat.

6.16 Bildung

Die Gründe rühmen sich, viel für die Bildung zu machen. Betrachtet man jedoch ihre Bilanz der letzten 16 Jahre, so muss festgestellt werden, dass sie gerade in diesem Bereich, der immerhin Haupttätigkeitsfeld der Bundesländer ist, versagt haben. Betrachtet man die Qualität der Bildung in der Hauptstadt Berlin, oder in Baden-Württemberg, oder in NRW unter der SPD/ Grünen Regierung oder in Rheinland-Pfalz, so muss man feststellen, dass die Qualität der Bildung in Grundschule, Realschule und Gymnasium erhebliche Probleme aufweist, unabhängig von durch die Pandemie verursachte Krise. Insbesondere die Förderung von Schülern aus Migrationsfamilien wurde vernachlässigt. Selbst wenn man konzediert, dass die Grünen als Partei eher auf die reichen Gesellschaftsschichten ausgerichtet sind, so muss man doch feststellen, dass die Grünen im Bereich der Bildung schlicht versagt haben.

6.17 Soziales

Die Partei der Grünen rühmt sich auch sozial orientiert zu sein. Bei genauer Betrachtung richten sich ihre gesamten Aktivitäten auf die Mittelschicht der Bevölkerung, die sie sehr oft als Gutmenschen betrachten. Insoweit ist ihre Deklarationen für sozial Benachteilige lediglich ein Feigenblatt um zu kaschieren, dass sie gar nicht an diesen Bevölkerungsschichten interessiert ist. Es ist daher von Nöten, dass korrektive Maßnahmen durch andere Parteien des politischen Spektrums *wahrgenommen werden. Ironisch ist, dass sogar die CDU/CSU mehr für die sozial Benachteiligten tut als die Grünen.*

6.18 Frieden

Die Grünen rühmen sich die Partei des Friedens zu sein, dies scheint aber ein Trugschluss zu sein. Die Partei der Grünen hatte dem Militäreinsatz im Kosovo zugestimmt. Sie hat kaum etwas gegen den Einsatz in Afghanistan getan. Sie hat noch nicht einmal die realen Kosten genannt, die die Bundeswehr in diesen beiden Kriegen verausgabt hat. Sie tun sich gern hervor mit dem Versprechen, die Ausgaben der Bundesregierung zu hinterfragen und zu kritisieren. Bei genauerer Betrachtung fragt sich, ob diese Scheinheiligkeit gepaart mit Doppelmoral noch der Wirklichkeit standhalten kann. Tatsache ist, dass aus einer Friedenspartei eine ganz normale Partei geworden ist, die ihren Heiligenschein ablegen muss. Fakt ist, dass die ermittelten gesamten Kosten für die beiden Einsätze zwischen 20 Milliarden und 60 Milliarden € über den gesamten Zeitraum betragen, je nachdem ob man nur die direkten oder auch die indirekten Kosten berücksichtigt

6.19 Massentourismus

Die Partei der Grünen, die sich als Partei der Umwelt rühmt, scheut sich der Wahrheit ins Gesicht zu sehen, dass Massentourismus in den betroffenen Ländern mit einer erheblichen Verschlechterung der Lebensbedingungen der dortigen Einwohner verbunden ist. Der Massentourismus – sei es in Mallorca oder in Italien, Spanien oder in sonstigen Gebieten - hat katastrophale Ergebnisse für die Dorfbevölkerung, denn sie erhöht die Abhängigkeit von einer einseitigen Industrie, die in der Pandemiekrise ihr wahres Gesicht gezeigt hat. Zudem führt z.B. die Überfischung der Meere für die Versorgung der Touristen – sei es in der Türkei, in Griechenland, in Italien, auf den Balearen oder in Spanien - zu einem viel zu günstigen Angebot, das letztendlich die realen Kosten in keiner Weise decken kann.

Was dazu führt, dass die gesamte Umwelt in diesen Ländern in einen katastrophalen Zustand gebracht wird – sei es in den Meeren, an Land, in der Landwirtschaft, in der Wasserversorgung und -aufbereitung. Es ist daher erstaunlich, dass die angebliche Umweltpartei die dortigen gesamten direkten und indirekten Kosten für die Umwelt nicht wahrnehmen und schon gar nicht die bevorzugte Klientel ärgern will. Wenn ein Bereich in der gesamten Politik so missbraucht wird und als reine Heuchlerei und Doppelmoral anzusehen ist, dann ist das der Massentourismus.

6.20 Gesellschaftspolitik

Im Wahlprogramm bleiben Baerbock und Habeck hinsichtlich der Gesellschaft neblig und nicht konkret genug. Hinzu kommt, dass sie bei der Erneuerung der Gesellschaft nicht auf den aktuellen Zustand der Gesellschaft eingehen und schon gar nicht auf den Willen der Mehrheit. Dahinter steckt eindeutige der arrogante Anspruch gewisser liberalen Eliten, die glauben alles besser zu wissen. Sie glauben sie könnten die Mehrheit der Bevölkerung führen, was ein grundsätzlicher Irrtum ist. Denn indem sie stets Minderheiten bevorzugen entgegen dem Willen der Mehrheit produzieren sie automatisch Widerstand und Widerspruch. Die Gesellschaftspolitik im Wahlprogramm ist nichts anderes als eine Anreihung von Pseudo Schlagwörtern ohne konkrete Maßnahmen zur Weiterentwicklung der Gesellschaft. Hinzu kommt, dass die strukturellen Probleme der heutigen Gesellschaft überhaupt nicht berücksichtigt werden, seien es die Zunahme von Gewalt, die Spaltung der Gesellschaft, die Veralterung der Gesellschaft, die Anforderungen für die Pflege der Älteren, die Anforderungen an Bildung und Weiterbildung. Insgesamt stellt sich das Wahlprogramm der Annalena Baerbock als eine Referatsarbeit eines 1. Semesters in der Politikwissenschaft dar.

6.21 Frauenpolitik

Die 6 Zeilen hinsichtlich die Frauenpolitik und Förderung der Frauen sind angesichts der aktuellen Probleme und der Vernachlässigung der Frauenpolitik in den letzten 16 Jahren ein Witz. Weder die Bekämpfung der Gewalt gegen Frauen oder konkrete Maßnahmen zur Bekämpfung der Zwangsheirat oder die Bekämpfungen von Parallelgesellschaften werden behandelt. Ihre Konzentration auf die Förderung von Gender Sprache und die Bevorzugung von Schwulen und Lesben, Trans und Quer etc. lassen keine zukunftsorientierte Frauen Politik erwarten.

In den Programmen der Baerbock gibt es auch keine konkreten Maßnahmen zur Bekämpfung von Parallelgesellschaften, in denen die Frauen auch in Deutschland erheblich benachteiligt werden. Sie nennt auch keine konkreten Maßnahmen zur Förderung der Leistungen der Frauen. Wenn die grüne Partei grundsätzlich Frauen eine höhere Qualifikation zuspricht liefert sie lediglich Argumente für die Gegner einer realen Gleichberechtigung von Mann und Frau. Das Verhalten von Annalena Baerbock bei der Besetzung der Wahllisten hatte den Beigeschmack des Aussortierens von Männern und stellt zudem erhebliche Fragen hinsichtlich ihrer Glaubwürdigkeit.

6.22 Europapolitik

Das Wahlprogramm der Grünen unter Annalena Baerbock zeichnet ein Bild von Unkenntnis der Realität in Europa. Es ist erschreckend wie schwach das gesamte Wahlprogramm der Grünen hinsichtlich der Europapolitik ist. Es zeigen sich deutliche Unkenntnisse nicht nur hinsichtlich des Aufbaus der Kommission und über die Machtverhältnisse in der Kommission und im Parlament, sondern auch über die Akzeptanz von Europa in Deutschland ab. Es zeigt sich auch die Naivität wie mit den Ländern Osteuropas umzugehen ist. Es fehlen aber auch Strategien für die reale Weiterentwicklung des Projekts Europa. Insoweit sind die Ausführungen zur Europapolitik der Beweis dafür, dass die Grünen nicht dazu fähig sind.

6.23 Chinapolitik

Wenn Anna Lena Baerbock glaubt China durch ihre Politik zu beeinflussen so zeigt sich die Naivität, der Mangel an Erfahrung, theoretisches Wunschdenken und vor allem die Verwendung von Schlagwörtern, womit man keine reale Politik machen kann. Es kann auch nicht die Basis einer Politik sein, vor allem wenn wirtschaftliche Kenntnisse über die Abhängigkeit Deutschlands von China fehlen. In vielen Bereichen liegt diese bei fast 30 % sei es in der Produktion oder im Absatz. Einen weiteren Beweis über die Unreife der Baerbock zeigt sich in ihrem Glauben, dass sie die KP China verändern könnte und dann vor allem den mächtigen Präsidenten. Die Idee Demokratie und Menschenrechte linksliberaler Prägung nach China exportieren zu können, entbehrt jeglicher Grundlage. Es kommt hinzu, dass die Abhängigkeit von China eher zuzunehmen droht als dass sie abnehmen würde. Alles in allem eine unreife Politikerin, die der festen Überzeugung ist, dass man sie ernst nimmt – was letztendlich aufzeigt, dass Baerbock mehr im Wunschdenken lebt als in der Realpolitik.

6.24 Außenpolitik

Auch in der Außenpolitik entbehrt das Wahlprogramm der Grünen und Annalena Baerbocks jeder Grundlage von Realismus und konkreten Aussagen – sei es in der Europapolitik, in der Politik gegenüber Afrika, in der Politik gegenüber Südamerika, gegenüber den USA und Kanada und gegenüber dem Mittelmeerraum. Dies gilt auch für die Politik gegenüber Russland. Wer glaubt, dass Annalena Baerbock in der Lage ist gegenüber Herrn Putin Wünsche durchzusetzen, vergisst dass nicht einmal Angela Merkel in 16 Jahren ihre Politik durchgesetzt hat. Hinzu kommt, dass die Abhängigkeit von russischem Gas noch über erhebliche Zeiträume hinweg eine unabdingbare Voraussetzung für eine sogenannte grüne Umweltpolitik sein wird. Insoweit widerspricht sie sich selber. Die Konzepte der Partei zur Außenpolitik sind kaum durchdacht, geschweige dass sie konkret sind.

6.25 Innere Sicherheit

Die grüne Partei und die innere Sicherheit haben in der Vergangenheit häufig ein No Go für die Politik dargestellt. Und nichts anderes ist im Wahlprogramm zu finden. Die Vorschläge zur Inneren Sicherheit entbehren jeglicher Grundlagen angesichts der bestehenden Probleme in Deutschland, die letztendlich großenteils durch die Länder mitbestimmt werden. Da die Länder auch zum größten Teil von Grünen-Politikern mitregiert werden, haben diese letztendlich auch den desolaten

Zustand der Inneren Sicherheit in Deutschland mit zu verantworten. Hinzu kommt, dass die Grünen eher das Recht der Täter stärken, während parallel die Rechte der Opfer gemindert werden. Eine Opferjustiz wird mit keinem einzigen Wort im Bereich der Inneren Sicherheit erwähnt. Geschweige ein Mittelzuwachs, der letztendlich Polizei und Justiz dazu befähigen würde, die notwendigen Investitionen und Personalakquisitionen durchzuführen, um der Zunahme der Kriminalität in Bereichen wie Pädophilie, Computerkriminalität, Geldwäsche, Spionage, Cyberkriminalität, zunehmende Gewalt gegen Frauen, organisierter Kriminalität, Familienclan Kriminalität, Internetkriminalität gegenüber zu treten. Das Versagen in vielen dieser Bereiche ist letztendlich zu einem großen Teil bedingt durch die unterschiedliche Handlungsfähigkeit der Länder und damit sind die Grünen hier mit verantwortlich. Es darf nicht vergessen werden, dass Berlin - die Hauptstadt der Kriminalität - seit längerer Zeit von einem grün- rot-roten Senat regiert wird. Insoweit sind die paar Zeilen die Baerbock zu Inneren Sicherheit äußert, nichts anderes als Alibi Aussagen.

6.26 Wirtschafts- und Finanzpolitik

Hinsichtlich der Wirtschaft und Finanzpolitik zeigen sich die Naivität und die mangelnden Kenntnisse der Grünen am besten. Hier zeigen sich abermals erhebliche und gefährliche Wissensdefizite. Allein die Aufstellung von einem Investitionsvolumen von 50 Milliarden für die nächsten 10 Jahre ist nicht konkretisiert - und wie Baerbock genau auf 50 Milliarden kommt, ist für den Beobachter rätselhaft. Pauschal zu sagen, dass die Investitionen für Straßen, Klima usw. bestimmt sind, reicht nicht aus. Es muss auch genauer dargelegt werden, wofür jährliche Investitionen von 50 Milliarden notwendig sind und dieses Volumen Jahr für Jahr überhaupt umsetzbar ist angesichts der Bürokratie, die in Deutschland vorhanden ist. Dazu wird jedoch kein einziges Wort verloren.

Im Gegenteil will sie wohl eher mehr Bürokratie haben und damit weitere Hemmnisse für Investitionen schaffen. Diese Investitionen bedürfen jedoch mehr Steuergelder und damit wird gesagt, dass Steuererhöhungen notwendig sind für den Umbau der Gesellschaft. Mit der Abkehr von einer soliden Finanzierungspolitik - denn ein derartiger

Innovationsschub muss de facto durch Schulden getragen werden – werden letztendlich zusätzliche Hürden für die zukünftigen Generationen aufgebaut. Insoweit kann man von einer Zukunftssicherung nicht reden, denn die Grünen vergessen die bereits angelaufene Verschuldung des Bundes und der Länder zur Bekämpfung der Coronakrise.

Hinzu kommt das Ignorieren der sogenannten Verhaltensökonomie die belegt, dass jegliche Ankündigung von Steuererhöhungen und zur Vergrößerung der Bürokratie automatisch zur Reduzierung von Investitionen und zur Suche nach Alternativen bei den Investoren führt. Hierzu passt vor allem die dirigistisch sozialistische Ansicht der Grünen in Berlin wonach Hausbesitzer grundsätzlich Kriminelle sind die die armen Mieter ausnehmen. Dass dies sowohl sachlich falsch als auch zu kurz gedacht ist zeigt sich darin, dass seit der Mietbremse in Berlin die Anzahl der angebotenen Mietobjekte um die Hälfte reduziert worden ist. Dies zeigt abermals wie kurzsichtig eine sogenannte langfristige Wirtschafts- und Finanzpolitik der Grünen ist.

6.27 Fazit

Das Gesamtwahlprogramm der Grünen und Annalena Baerbocks ist mit Allgemeinplätzen und Schlagwörtern voll gespickt. Er hat keine realen Schwerpunkte und vor allem entsteht der Eindruck, dass der Umbau der Gesellschaft für eine neue Ära ohne Rücksichtnahme auf den heutigen Zustand Deutschlands möglich ist. Hinzu kommt, dass es sehr stark an Minderheiten orientiert ist und die Mehrheit der Bevölkerung nicht berücksichtigt.

Der gesamte Umweltbereich ist unzureichend dargestellt. Zudem enthält es strategische Fehler wie z.B. bei der Elektrifizierung Deutschlands. Denn nach näherer Betrachtung hätten sie erkennen können, dass Kupfer als eines der wichtigsten Elemente für die Elektrifizierung heute und noch für längere Zeit auf den Weltmärkten ein Mangelprodukt ist, für das inflationäre Preissteigerungen zu verzeichnen sind.

Das Konzept ist einseitig, denn alternative Energiequellen wie Wasserstoff oder künstliche auf den Weltmärkten werden nicht betrachtet. Der Strombedarf liegt in Deutschland zurzeit bei 650 Terawatt und wird sich in den nächsten 30-40 Jahre mindestens verdreifachen. Dies können weder Windenergie noch Solarenergie ausgleichen. Insoweit wird Deutschland darauf angewiesen sein, entweder Strom zu importieren oder zurückzugreifen auf Kernkraftenergie, die von den Grünen abgelehnt wird. Dabei vergessen sie, dass um Deutschland herum in ganz Europa neue Kernkraftwerke entstehen.

Hinsichtlich ihrer Ausführungen für die Gesellschaftserneuerung ist festzuhalten, dass wesentliche Probleme der heutigen Frauen überhaupt nicht berücksichtigt und schon gar nicht Lösungen vorgeschlagen werden. Insbesondere wird die Gewalt gegen Frauen nicht berücksichtigt. Insoweit ist es schon erstaunlich, dass sie meinen die Frauen zu repräsentieren. Es kommt hinzu, dass die allgemeinen Wunschvorstellungen zur Verbesserung der Familiensituation schlichteinfach nicht auf realistische Basis beruhen.

Im Bereich der Außenpolitik zeigt sich der größte Mangel des Gesamtkonzepts, nämlich Unerfahrenheit und Wissensmängel gepaart mit einer Arroganz von liberalen Eliten, die durchgehend im gesamten Programm sichtbar ist.

Hinsichtlich Wirtschaft und Finanzen zeichnet sich ein großes Manko ab und die mangelnde Berücksichtigung der Verhaltensökonomie. Die Grünen haben immer noch nicht gelernt, dass es für den Umstieg von der heutigen „flachen" Bewirtschaftung (D. h. Rohstoff entnehmen, produzieren, nutzen und entsorgen) zu einer Kreislaufwirtschaft erheblichen Zeitbedarf gibt, denn das Verhalten eines großen Teils der Bevölkerung muss dafür geändert werden und die Änderung von Verhalten bedarf nun einmal Zeit.

Hinsichtlich des Katastrophenschutzes ist im Programm kaum etwas erwähnt.

Insgesamt werden zwar 50 Milliarden € für Investitionen vorgeschlagen, jedoch wird nicht dargelegt, wofür und wieso diese Summe benötigt wird. Allgemeinplätze reichen hier nicht aus. Zur Realisierung dieser Investitionen wird eine steigende Staatsverschuldung gefordert. Es wird aber nicht gesagt, dass diese Verschuldung letztendlich von den zukünftigen Generationen zu tragen ist und sie vergessen dabei zu sagen, dass die Last für die nächsten Generationen schon jetzt erheblich ist. Insoweit ist die Aussage der Generationengerechtigkeit ein Hohn.

Bei allem Wohlwollen und Zuneigung zu den Grünen muss festgestellt werden, dass die Partei die Bevölkerung verblendet und mit einer raffinierten Heuchlerei versucht für sich eine moralische Keule einzusetzen, die sie nicht hat. Tatsache ist, dass die Heuchlerei der letzten 16 Jahre letztendlich ihr Ergebnis in der Person von Baerbock fand, die schlicht einfach bei genauer Betrachtung nicht standhalten kann was sie verspricht. Insoweit bleibt die Partei der Grünen einen Fata Morgana der Werte. Die gesamte Partei ist mehr Verpackung als Inhalt.

7. Nach allen Seiten offen? Auch mit dem Teufel im Pakt?

Seit der Ernennung von Annalena Baerbock zur Kanzlerkandidatin und mit dem Hype um ihre Person sowie dem Hype um die grüne Partei muss festgestellt werden, dass sowohl Baerbock als ihr Co-Chef Harbeck es tunlichst vermieden sich festzulegen, um an der Macht zu gelangen.

Baerbocks Hauptziel ist es Kanzlerin zu werden, trotz aller Kollateralschäden, die sie bereits verursacht hat. Basierend auf sogenannten Umfragewerten ist sie fest davon überzeugt, dass sie ohne jegliche Berufs- und Regierungserfahrung in der Lage wäre, den Tanker Deutschland in stürmischer der Zeit zu steuern.

Bei genauer Analyse des sogenannten Programms der Grünen und beim Liften des Schleiers aus Schlagwörtern, Allgemeinplätzen, vagen Andeutungen muss festgestellt werden, dass das Programm ein knallhartes Linksprogramm ist, in dem der Staat einen erheblichen Anteil an Macht hinzugewinnen würde. Hinzu kommt die unerträgliche Bevormundung durch die sogenannte politische Elite bzw. der Bürokratie. Die Verpackung des Programms ist eine Sache, die Inhalte sind etwas anderes. Für jeglichen Analytiker ist nach Studium des Wahlprogramms die Überzeugung gewachsen, dass die Grünen eine Partei der Verbote waren und bleiben.

Hinzu kommt, dass Baerbock durch geschicktes Agieren versucht aus den Grünen eine Einheitspartei zu machen und in Kauf nimmt, dass die Diversität verloren geht, die letztendlich ihren Charme ausgemacht haben.

Jeden Tag kommen neue Interventionen von der sogenannten zweiten alternativlosen Kanzlerin. Wenn die Sache nicht so ernst wäre könnte man nur noch darüber lachen. Zu lachen aber ist es nicht, wenn man nun Halbwissende an die oberste staatliche Ebene Deutschlands bringen würde. Fakt ist, dass die Grünen seit dem 5.5.21 d. h. viereinhalb Monate vor der Wahl keine einzige Aussage zu den möglichen Koalitionspartnern gemacht haben. Diese Nicht Festlegung heißt im Grunde genommen, dass der Wunsch Kanzlerin zu werden gegebenenfalls auch mit der AFD zu erzielen wäre.

Baerbock und die heutigen Grüne sind noch nicht reif für eine Regierungsverantwortung in der Bundespolitik. Denn betrachtet man, dass sie in 11 Bundesländern seit Jahren regieren und noch Garnichts umgesetzt haben (mit der Ausnahme von Baden-Württemberg, weil dort deren Wahlerfolg an der Person eines der konservativen Grünen hängt) so muss man feststellen, dass die Bilanz der Grünen in den letzten 16 Jahren mehr als mager ist.

Hinzu kommt, dass seit die Grünen Baerbock und Harbeck an der Spitze haben, diese zwar versuchen professioneller zu erscheinen und die Machtkämpfe zwischen Fundis und Realos unter den Teppich zu kehren. Jedoch wird die Diversität der Grünen, die durchaus produktiver in ihren Vorschlägen waren, zunichtegemacht und letztendlich wird der Partei ein Mainstream Denken aufoktroyiert. Frische und Unverbrauchtheit bei gleichzeitiger Unerfahrenheit sind nur in einem äußerst schweren Spagat zu erzielen.

Insbesondere profitierten die Grünen von den unseligen Machtkämpfen um die Ernennung des Kanzlerkandidaten bei der CDU/CSU. Der CDU/CSU muss man zugutehalten, dass sie wenigstens transparent und für jeden sichtbar die Auswahl ihres Kandidaten durchgeführt haben. Demgegenüber hat sich Baerbock durchgesetzt mit einer Hinterzimmer Politik für die noch sehr viele offene Fragen zu stellen sind. Vor allem: was befähigt Annalena Baerbock zur Kanzlerin?

8. Verheerender Hype durch korrupte Medien?

Viel verheerender als die reale Qualität der Partei der Grünen und ihrer Personalpolitik ist das Verhalten der deutschen Medien, die einen Hype um einen Zauberlehrling gemacht haben. Insbesondere die sogenannte kritische Presse war voll des Lobes über eine Politikerin und ihre Partei, dem sie selbst bei wohlwollender Überprüfung nicht standhalten würde. Insbesondere der Spiegel, der Stern, die taz, der Berliner Zeitung sowie manche öffentlichen Medien sahen schon in eine Kandidatin als nächste Kanzlerin, obwohl noch keine Wahl durchgeführt worden ist. Demgegenüber steht das kritische Verhalten des Spiegels und eines Moderators des ZDF gegenüber Armin Laschet, was letztendlich keine nachhaltige Wirkung haben wird. Insoweit fragt man sich, ob die zunehmende Ablehnung der Medien doch nicht auf einem Kern an Wahrheit basiert. Dass immer mehr Teile der Bevölkerung sich aggressiv verhalten gegenüber den früheren Legenden der Presse lässt sich angesichts eines Mainstream Schreibens und Denkens dieser Presse begründen.

Das wird vor allem sichtbar im Verhalten der Presse im Hinblick auf die Ernennung von Baerbock. Während sie bei anderen Parteien oft die Hinterzimmer Politik anprangern und keine Ruhe lassen in der Forderung nach Transparenz, hörte man über die reale Hinterzimmer Politik der Grünen und ihrer Clique von Feministinnen kein einziges Wort in der Presse. Und auch keine Fragen dazu, was Baerbock zur Kanzlerin befähigt, nach welchen Kriterien sie ausgewählt wurde und wer an dieser Nominierung beteiligt war. Der gesamte Vorgang wurde im Gegenteil als geräuschlos gepriesen, während die fehlende Transparenz bei der CDU mit der Macht der Mafia verglichen wurde.

Dieses zweierlei Maß der seriösen Zeitungen wie Spiegel, Stern oder wie beim ZDF bei Markus Lanz lassen nur den Schluss zu, dass die den Medien ihre Aufgaben nicht mehr in der objektiven Berichterstattung sehen, sondern ihr Ziel darin sehen Politik zu machen. Politik machen ist nicht Aufgabe der Medien, sondern der Politiker, das scheint bei der neuen Generation von Journalisten jedoch abhandengekommen zu sein.

Schlimmer ist jedoch, dass bei der jungen Generation von Journalisten jegliche Fähigkeiten zur Selbstreflexion und Selbstanalyse fehlen, um sich die Gründe der zunehmenden Ablehnung der Medien bei der jungen Generation, beim mittleren Alter und selbst bei der alten Generation. Und wenn ein Teil der Journalisten sich von einem Teil der Bevölkerung bedroht fühlt, so muss es dafür doch Gründe geben, die die Leute so gegen die Journalisten aufbringen. Wenn über 70 % der Bevölkerung der festen Meinung ist, dass die Journalisten zu denen da oben gehören, dann mag das übertrieben sein, aber ein Funken Wahrheit steckt drin.

Es bleibt kritisch zu beobachten, wie die Medien sich während des gesamten Wahlkampfs verhalten.

9. Baerbock: die Zerstörerin der Diversität und Unbekümmertheit der Grünen

Eine der Stärken und das Wesen der grünen Partei war die Vielfalt der Meinungen und insbesondere das Nebeneinander eines realistischen Flügels, der Realpolitik machen will, und eines fundamentalistischen Flügels, der auf gewisse Werte unabhängig von der Machterlangung achtet. Mit dem Aufstieg von Angela Baerbock wurde dieses Gleichgewicht zerstört. Hinzu kommt die langsame Machtübernahme innerhalb der Partei durch Frauen und Feministinnen. Unter dem Vorwand, die Partei wieder an die Macht zu bringen, haben Annalena Baerbock und Robert Habeck, die beide zum Flügel der Realos gehören, die Macht übernommen und durch konsequenten Umbau der Führungsriege und der Wahllisten immer mehr Frauen positioniert, sodass eine Mehrheit von Frauen für die Entscheidungsfindung innerhalb der Partei entstand.

Und auch bei den Abgeordneten für die internen Wahlen und zur Bestimmung der Programme entstand ein Übergewicht gegenüber dem linken Flügel und dem restlichen Männeranteil, der in der Partei noch vorhanden war. Hier geht es nicht um das Verrechnen zwischen Männern und Frauen, sondern um die schwachsinnige Festlegung der Grünen auf die sogenannte Quoten Regel, die sie selbst nicht verfolgen. Insoweit ist die grüne Partei unter der Führung von Annalena Baerbock zu einer feministischen Partei oder einem Club der Feministinnen geworden.

Hinzu kommt, dass diese Quotenregel keinesfalls Garantie für die Qualität des Personals ist. Die Lebendigkeit der Partei wurde ersetzt durch eine einheitliche Sauce. Diskussionen hinsichtlich Programme und Personen wurden tabuisiert und somit ist der Diskurs, das so wichtige Element bei den Grünen, verloren gegangen. Hinzu kommt das Annalena Baerbock persönlich interveniert bei der Aufstellung von Wahllisten und sie hat persönlich dafür Sorge getragen, dass die vorderen Plätze auf den Listen an Frauen vergeben wurden und die Männer im

Hintergrund blieben. Mit der gleichen Trickserei hat sie auch den Grünen Chef Harbeck als Kanzlerkandidaten verhindert.

Insoweit gilt Baerbock für sehr viele ehemaligen und alten Parteimitglieder als Grabträgerin der Grünen. Obwohl eigentlich viele Themen für die Grünen auf der Straße liegen, werden sie zwar in der Vorwahlzeit hohe Umfragewerte bekommen, bei den tatsächlichen Wahlen aber kaum diese guten Werte erreichen.

Annalena Baerbock wurde mit 98 % Zustimmung ihrer Partei gewählt. Es stellt sich die Frage, ob die Grünen auf gleicher Stufe mit einer extrem rechten Partei oder einer autokratischen Partei stehen, die ihre Führung zu fast 100 % wählen. Es gilt daher nachzufragen, wie diese Wahl überhaupt zustande kam. In Demokratien erhalten die Wahlkandidaten und insbesondere die Kanzlerkandidaten erheblich weniger Stimmen, obwohl sie erheblich bessere Voraussetzungen als Annalena Baerbock haben.

Hier stellt sich die Frage, wie sehr sich die Grünen verändert haben, wie demokratisch sind sie Grünen aufgebaut, sind sie überhaupt noch eine demokratische Partei oder schon eine Einheitspartei à la SED. Die Nominierung von Annalena Baerbock darf erheblich infrage gestellt werden, denn 98 % Zustimmung findet man eher in Weißrussland und nicht in Deutschland. Welche Verfälschungen wurden also gemacht.

10. Ein „Zauberlehrling" als Kanzlerin?

10.1 Annalena Baerbock

Die folgende Wikipedia Darstellung des Lebenslaufs von Annalena Baerbock wurde durch einen Mitarbeiter der Grünen eingestellt, der gerade mit Interessen zu Annalena Baerbock verbunden ist. Insoweit ist diese positive Darstellung mit größter Zurückhaltung zu bewerten.

Annalena Charlotte Alma Baerbock (* 15. Dezember 1980 in Hannover) ist eine deutsche Politikerin (Bündnis 90/Die Grünen). Seit Januar 2018 ist sie gemeinsam mit Robert Habeck Bundesvorsitzende ihrer Partei. Baerbock ist die Kanzlerkandidatin der Grünen für die Bundestagswahl 2021; sie bildet mit Habeck das Spitzenduo der Partei für den Wahlkampf.

Annalena Baerbock ist seit 2013 Mitglied des Deutschen Bundestages. Zuvor war sie von 2009 bis 2013 Vorsitzende des Landesverbands Brandenburg. Von 2012 bis 2015 gehörte sie dem Parteirat von Bündnis 90/Die Grünen an. Baerbock wird dem „Realo"-Flügel ihrer Partei zugeordnet.

Leben

Annalena Baerbock wurde als Tochter einer Sozialpädagogin (* 1960) und eines Maschinenbauingenieurs in Hannover geboren. Ihre Großeltern mütterlicherseits waren 1958 als Aussiedler mit zwei Kindern aus Oberschlesien nach Niedersachsen gekommen. In ihrer frühen Kindheit lebte Baerbock eine Zeit lang in Nürnberg. 1985 zog ihre Familie nach Pattensen bei Hannover, wo sie mit zwei jüngeren Schwestern und zwei Cousinen in einem von ihren Eltern über mehrere Jahre sanierten Haus im Ortsteil Schulenburg aufwuchs. Ihre Eltern nahmen sie in den 1980er Jahren mit zu Menschenketten gegen das Wettrüsten und zu Anti-Atomkraft-Demos. Im Alter von 16 Jahren absolvierte sie ein Austauschjahr im US-Bundesstaat Florida. Ihre schulische Ausbildung schloss sie im Jahr 2000 mit dem Abitur an der Humboldtschule Hannover ab. In ihrem letzten Schuljahr schrieb sie für das Schülerprojekt ZiSH (Zeitung in der Schule) der Hannoverschen Allgemeinen Zeitung.

Baerbock betrieb während ihrer gesamten Kindheit und Jugend Trampolinturnen als Leistungssport. Sie nahm für den TSV Pattensen an Deutschen Meisterschaften teil und gewann dreimal Bronze im Doppel-Mini-Tramp; erstmalig 1994 im Nachwuchsbereich, zuletzt 1999 bei den Damen. 1994 war sie Teil der Delegation des Deutschen Turner-Bunds zu den Trampolin Weltjugendspielen in Portugal. Des Weiteren spielte sie im Alter von 15 bis 18 Jahren Fußball bei den Juniorinnen des TuSpo Jeinsen.

Baerbock studierte von 2000 bis 2004 im Diplomstudiengang Politikwissenschaft an der Universität Hamburg und erlangte dort das Vordiplom. Im Nebenfach belegte sie *Öffentliches Recht/Europarecht. Anschließend wechselte sie an die London School of Economics and Political Science und schloss dort 2005 mit einem Master in „Public International Law" (LL.M.) mit Distinction ab.*

Während ihres Studiums arbeitete sie von 2000 bis 2003 als freie Mitarbeiterin der Hannoverschen Allgemeinen Zeitung, und absolvierte ein Praktikum bei der Europaabgeordneten Elisabeth Schroedter. Nach dem Studium betreute sie von 2005 bis 2006 deren Webseite, leitete im Jahr 2007 für mehrere Monate deren Büros in Berlin und Potsdam und war danach Ansprechpartnerin im Parlamentsbüro in Brüssel bzw. Straßburg. 2005 war sie zusätzlich als Trainee des British Institute of International and Comparative Law (BIICL) tätig. Anschließend war sie von 2008 bis 2009 Referentin für Außen- und Sicherheitspolitik der Bundestagsfraktion von Bündnis 90/Die Grünen.

Im Jahr 2009 begann Baerbock an der Freien Universität Berlin eine von der Heinrich-Böll-Stiftung geförderte Dissertation zum Thema Naturkatastrophen und humanitäre Hilfe im Völkerrecht. Nach ihrer Wahl als Abgeordnete der Grünen und dem Einzug in den 18. Deutschen Bundestag im Jahr 2013 gab sie an, ihr Promotionsvorhaben sei „in den letzten Zügen", ruhe jedoch aufgrund ihrer politischen Tätigkeit. Später brach sie das Vorhaben ab; nach eigenen Angaben, um sich auf ihr Mandat konzentrieren zu können.

Baerbock heiratete 2007 den ab 2004 in der Parteizentrale für die Kommunikation zwischen Wirtschaft und dem grünen Bundesvorstand zuständigen Daniel Holefleisch (* 1973). Holefleisch ist seit 2017 als Lobbyist bei der Deutschen Post beschäftigt. Das Ehepaar lebt mit seinen beiden Töchtern (* 2011 und 2015) in Potsdam. Baerbock ist Mitglied der evangelisch-lutherischen Kirche. Zu ihrem Glauben äußerte sie sich folgendermaßen: „Ich bin nicht gläubig, aber trotzdem in der Kirche, weil mir die Idee des Miteinanders extrem wichtig ist."

Politische Funktionen

Sprecherin der BAG Europa der Grünen (2008–2013)

Baerbock ist seit 2005 Mitglied von Bündnis 90/Die Grünen. Von 2008 bis 2013 war sie Sprecherin der Bundesarbeitsgemeinschaft Europa (kurz BAG Europa). Als solche hat sie inhaltlich, konzeptionell und strategisch an der Europapolitik ihrer Partei mitgewirkt.

Vorstandsmitglied der Europäischen Grünen Partei (2009–2012)

Im Oktober 2009 wurde Baerbock vom Council der Europäischen Grünen Partei, dem Zusammenschluss grüner Parteien in Europa, zum Mitglied des Parteivorstands (Committee) gewählt, dem sie bis 2012 angehörte. Der Vorstand ist u. a. zuständig für das Tagesgeschäft und die ständige Repräsentation der europäischen Partei.

Landesvorsitzende der Brandenburger Grünen (2009–2013)

Ab Oktober 2008 gehörte sie dem Brandenburger Landesvorstand der Partei an. Am 14. November 2009 wählte der Landesparteitag Baerbock neben Benjamin Raschke zur gleichberechtigten Vorsitzenden des Landesverbands Brandenburg; beide wurden am 3. Dezember 2011 wiedergewählt. Nach ihrem Einzug in den Bundestag kandidierte sie im November 2013 entsprechend der Trennung von Parteiamt und Mandat nicht erneut für das Amt.

Mitglied im Parteirat der Grünen (2012–2015)

Von 2012 bis 2015 gehörte Baerbock dem 16-köpfigen Parteirat von Bündnis 90/Die Grünen an. Das Gremium berät u. a. den Bundesvorstand der Grünen und dient als Schnittstelle zwischen dem Bundesverband, den Landesverbänden und Abgeordneten der Partei.

Mitglied des Bundestages (seit 2013)

Bei der Bundestagswahl 2009 kandidierte Baerbock vergeblich als Direktkandidatin im Bundestagswahlkreis Frankfurt (Oder) – Oder-Spree sowie auf Platz 3 der Landesliste der brandenburgischen Grünen.

Am 26. Januar 2013 wurde Baerbock zur Direktkandidatin für den Bundestagswahlkreis Potsdam – Potsdam-Mittelmark II – Teltow-Fläming II und am 2. März 2013 bei einer Delegiertenkonferenz in Potsdam mit 87,9 % der Stimmen auf Platz 1 der Landesliste von Bündnis 90/Die Grünen Brandenburg gewählt. Sie erhielt bei der Bundestagswahl 2013 7,2 % der Erststimmen und zog über die Landesliste in den 18. Deutschen Bundestag ein.

In ihrer ersten Legislaturperiode im Bundestag (2013–2017) war Baerbock klimapolitische Sprecherin der Bundestagsfraktion von Bündnis 90/Die Grünen und Mitglied des Ausschusses für Wirtschaft und Energie und des Ausschusses für die Angelegenheiten der Europäischen Union sowie stellvertretendes Mitglied im Umweltausschuss und im Ausschuss für Familie, Senioren, Frauen und Jugend. Zudem war Baerbock Mitglied der deutsch-polnischen Parlamentariergruppe und stellvertretende Vorsitzende des Freundeskreises Berlin–Taipeh und stellvertretendes Mitglied der Parlamentarischen Versammlung des Europarates. In der folgenden Legislaturperiode war sie stellvertretendes Mitglied im Ausschuss für Wirtschaft und Energie.

Am 26. November 2016 wurde Baerbock mit 99,0 % auf der Delegiertenkonferenz der Bündnisgrünen in Potsdam zur brandenburgischen Spitzenkandidatin ihrer Partei für die Bundestagswahl 2017 gewählt und am 23. Januar 2017 wieder zur Direktkandidatin in ihrem Wahlkreis. Baerbock erzielte 8,0 % der Erststimmen und zog erneut über die Landesliste in den Bundestag ein.

Bei den Jamaika-Sondierungsgesprächen zwischen CDU, CSU, FDP und den Grünen saß Baerbock 2017 am Verhandlungstisch. In Brandenburg war sie nach der Landtagswahl 2019 an den Verhandlungen für die rot-schwarz-grüne Regierungskoalition beteiligt.

Baerbock ist im Bundestag derzeit Ordentliches Mitglied in den Ausschüssen für die Angelegenheiten der Europäischen Union und für Wirtschaft und Energie sowie stellvertretendes Mitglied im Ausschuss für Umwelt, Naturschutz und nukleare Sicherheit.

Bundesvorsitzende der Grünen (seit 2018)

Baerbock wurde am 27. Januar 2018 auf einer außerordentlichen Bundesdelegiertenkonferenz in Hannover – zusammen mit Robert Habeck – zur Parteivorsitzenden gewählt. Sie setzte sich gegen Anja Piel vom linken Parteiflügel mit 64,5 % der Stimmen durch. Die „Realo"-Doppelspitze stellt nach Jahrzehnten eines zwischen den beiden Lagern aufgeteilten Parteivorsitzes ein Novum dar. Beide streben eine pragmatische Positionierung unabhängig von dieser Flügellogik an. Auf dem Parteitag am 16. November 2019 wurde das Duo für zwei weitere Jahre im Amt bestätigt, Baerbock mit 97,1 %.

Kanzlerkandidatin zur Bundestagswahl 2021

Am 19. April 2021 verkündeten Annalena Baerbock und Robert Habeck, dass Baerbock vom Bundesvorstand der Grünen als Kanzlerkandidatin für die Bundestagswahl 2021 vorgeschlagen wurde. Dies ist das erste Mal, dass die Grünen jemanden für dieses Amt nominiert haben. Der Parteitag stimmte dem Vorschlag am 12. Juni 2021 mit 98,6 % der abgegebenen Delegiertenstimmen zu. Zeitgleich bilden Annalena Baerbock und Robert Habeck gemeinsam das Spitzenduo für die Bundestagswahl. Historisch ist Baerbock die zweite Frau nach Angela Merkel, die sich um das höchste Regierungsamt bewirbt. Sie wird am Wahltag nur wenige Tage älter sein als 2002 der bislang jüngste Kandidat Guido Westerwelle.

Im Rahmen ihrer Kanzlerkandidatur sah sich Baerbock nach journalistischen Recherchen zu mehreren inhaltlichen Korrekturen ihres Lebenslaufs veranlasst. Diese Unstimmigkeiten in ihrem Lebenslauf führten zu Kritik in zahlreichen Medien und zu Zweifeln an ihrer Eignung als Kanzlerkandidatin. Im März 2021 meldete Baerbock der Bundestagsverwaltung Nebeneinkünfte von mehr als 25.000 Euro aus ihrer Funktion als Co-Parteivorsitzende nach. Als dies im Mai 2021 bekannt wurde und auch im Zusammenhang mit der Forderung der Grünen, die Nebeneinkünfte von Abgeordneten „auf Euro und Cent" offenzulegen, kritisch kommentiert wurde, bezeichnete sie den verspäteten Vorgang als „Fehler" und „blödes Versäumnis".

Am 17. Juni 2021 präsentierte Baerbock ihr Buch Jetzt. Wie wir unser Land erneuern. Darin stellt sie ihre Sicht der Welt sowie ihre politischen Ziele vor, teils mit persönlichen Erfahrungen vermischt. Am 28. Juni 2021 veröffentlichte Stefan Weber eine Liste mit Textstellen, die er als Plagiate bzw. Urheberrechtsverletzungen bezeichnete. Baerbock wies die Vorwürfe zurück; sie habe nur Fakten aus öffentlich zugänglichen Quellen übernommen.

Es schloss sich eine Debatte über die Vorwürfe, über den Umgang mit Kandidaturen von Frauen und über die Reaktionen der Grünen an. In der Presse hieß es einerseits, dass die Debatte von wichtigen politischen Wahlkampfthemen (bzw. von Problemen der Konkurrenz) ablenke, andererseits aber habe Baerbock sich angreifbar gemacht.

Baerbock tritt im Bundestagswahlkreis 61 gegen den SPD-Kanzlerkandidaten Olaf Scholz sowie die ehemalige FDP-Generalsekretärin Linda Teuteberg um das Direktmandat an.

Politische Positionen

Umweltpolitik

Baerbock forderte einen Kohleausstieg bis zum Jahr 2030 sowie ein Tempolimit von 130 Kilometer pro Stunde und „spätestens ab 2030" nur noch die Neuzulassung emissionsfreier Autos. Die „Agrarsubventionen sollen sich am Gemeinwohl orientieren, nicht mehr an der Fläche. Bäuerinnen und Bauern sollten mit Klimaschutz Geld verdienen können", außerdem sollen Tierbestände und Fleischproduktion „sehr deutlich reduziert werden". Für sie sei „Klimapolitik kein Gegensatz zur Wirtschaft", und es gehe darum, den „Industriestandort Deutschland ins 21. Jahrhundert zu führen – im Lichte des Pariser Klimaabkommens". Sie plädiert für die Produktion von klimaneutralem (also ohne Ausstoß von Treibhausgasen wie Kohlendioxid produzierten) europäischen Stahl. Zudem hält sie Klimazölle für denkbar. Innerdeutsche Flüge sollen durch eine Verbesserung des Bahnnetzes „bis 2035 überflüssig werden". Weiterhin gelte für die Grünen der „Grundsatz der Technologieoffenheit". In einem Interview mit dem Deutschlandfunk forderte sie den Umbau der deutschen Unternehmen und Produktionsstätten: „Der dritte Bereich ist der Umbau der Industrie und deswegen drücke ich auch so aufs Gas an der Stelle, weil unsere Industrie im absoluten Wettbewerb steht. Es geht jetzt darum, wer produziert zum Beispiel als erstes klimaneutralen Stahl. Das ist essenziell für den Schutz der Arbeitsplätze in Deutschland und in Europa. Wenn wir da nicht vorne mit dabei sind, dann tun es andere. Wir haben schon mal gesehen: Wenn China den europäischen Markt mit Stahl flutet, dann müssen große Werke schließen, und das will ich verhindern."

Anlässlich des am 29. April 2021 ergangenen Urteils des Bundesverfassungsgerichts zum Klimaschutzgesetz stellte Baerbock für den Fall der Beteiligung ihrer Partei an der künftigen Bundesregierung die Festlegung konkreter Treibhausgas-Sparziele in Aussicht. Auch solle bis zur Mitte der 2020er Jahre die jährliche Ausbauleistung an erneuerbaren Energiequellen gegenüber der bisherigen Quote verdoppelt werden. Den Kohleausstieg in Deutschland will sie früher als bisher vorgesehen abschließen. Der CO_2-Preis müsse Investitionen in klimaneutrale Produktionsweisen belohnen; Klimaschädigung dagegen sei zu verteuern. Die Einnahmen sollen an alle als Energiegeld zurückfließen.

Opfer von Extremwetterereignissen, die durch den Klimawandel zunehmen, sollen nach Ansicht von Baerbock über einen staatlichen „Klima-Anpassungsfonds" entschädigt werden. Außerdem solle es einen „Klima-Vorsorgefonds" für Kommunen geben, um präventive Maßnahmen gegen etwa drohende Überschwemmungen zu unterstützen.

Migrationspolitik

Anlässlich des Weltflüchtlingstags am 20. Juni 2019 forderte Baerbock auf dem EU-Gipfel, dass die Staats- und Regierungschefs „endlich ein großzügiges Kontingent für die legale Flucht nach Europa beschließen" sowie eine gemeinschaftliche Verteilung von Geflüchteten und ein Sofortprogramm zum Aufbau einer europäischen Seenotrettungsmission auf den Weg bringen sollten.

Nach einem Großbrand im griechischen Flüchtlingslager Moria im Jahr 2020 forderte Baerbock, dass Deutschland 5000 schutzbedürftige Menschen aufnehmen solle, die griechischen Lager evakuiert und die Menschen in Sicherheit gebracht werden sollen, und äußerte: „Deutschland muss handeln – nicht erst seit heute, sondern schon seit Jahren". Außerdem schlug sie vor, Erstaufnahmeeinrichtungen an den EU-Außengrenzen aufzubauen, an denen Flüchtlinge „schnell registriert, einer Sicherheitsprüfung und einem Datenabgleich unterzogen" werden können, um sie schnellstmöglich in der EU verteilen und dann Asylverfahren einleiten zu können.

Außenpolitik

Baerbock fordert „ein stärkeres gemeinsames europäisches Engagement in der Verteidigungspolitik". „Europa kreist seit Jahren um sich selbst, die Trump-Administration hat der Welt den Rücken gekehrt. Die Lücke, die entstanden ist, füllen autoritäre Staaten", sagte sie. Wenn der Westen also Staaten wie China, Russland oder der Türkei nicht das Feld überlassen wolle, müsse Europa seine „Friedensrolle" in der Welt wieder ernster nehmen. Weiterhin fordert Baerbock den Abzug der US-Atomwaffen aus Deutschland.

Im Januar 2021 kritisierte Baerbock die landeseigene Umweltstiftung von Mecklenburg-Vorpommern, die den Weiterbau der Ostseepipeline Nord Stream 2 garantieren und gegen Eingriffe der USA abschirmen soll. In der FAZ äußerte sie:

„Dass mit russischen Geldern eine Stiftung unter dem Deckmantel des Klimaschutzes finanziert wird, die einzig und allein zur Fertigstellung der Pipeline dient, ist einfach ungeheuerlich. Nicht nur klimapolitisch, sondern vor allem geostrategisch."

Wirtschafts- und Sozialpolitik

Der „Industriestandort Deutschland" solle nach Baerbocks Ansicht gehalten werden, aber Wachstum müsse „im Sinne einer sozial-ökologischen Marktwirtschaft, innerhalb der planetaren Grenzen" erfolgen, und Wohlstand solle in einem „umfassenderen", das Ökologische mit einbeziehenden Sinne definiert werden. Klimaschutzziele sollen mit der Wirtschaftspolitik „verzahnt" und u. a. Gründungsförderung, Digitalisierung, schnellerer Ausbau der Infrastruktur und Netze befördert werden.

Baerbock fordert eine Frauenquote von mindestens 33 Prozent in Vorständen und 40 Prozent für Aufsichtsräte. Das Thema bezeichnete sie als wichtigen Punkt für mögliche Koalitionsverhandlungen.

Eine im Grundgesetz geregelte Schuldenbremse hält Baerbock grundsätzlich für gerechtfertigt. Gegenüber dem Deutschlandfunk sagte sie 2020: „Natürlich brauchen wir eine Verankerung auch grundgesetzlich dafür, dass wir nicht Schulden ins Endlose machen können." Sie warf konservativen Parteien und der SPD auf kommunaler Ebene vor, das „Geld zum Fenster herausgeschmissen zu haben", etwa für Bauvorhaben. Allerdings müsse die derzeit existierende Schuldenbremse, wie es im Parteiprogramm der Grünen gefordert wird, „erweitert" werden; dies sei notwendig, um Investitionen in „Daseinsvorsorge, Krankenhausfinanzierung, Schulfinanzierung, auch die ganzen Infrastrukturprojekte im Klimabereich" zu ermöglichen. Sie betonte, „Haushalte zu Lasten der Investitionen konsolidieren schadet den jungen Generationen". Eine schnelle Rückkehr zur Schuldenbremse, die während der Corona-Pandemie ausgesetzt wurde, lehnte Baerbock im Mai 2021 ab.

Ein bedingungsloses Grundeinkommen, wie es von Teilen der Partei gefordert wird, lehnt Baerbock ab, befürwortet jedoch eine „Garantiesicherung", die Hartz IV durch eine sanktionsfreie Mindestsicherung ersetzen soll.

Gegenüber dem Sozialverband VdK Deutschland betonte Baerbock im Juli 2021, dass sie zur Bekämpfung von Altersarmut, wie auch im Parteiprogramm gefordert, den Mindestlohn auf 12 Euro anheben und sowohl Selbstständige als auch Politiker und Beamte in die gesetzliche Rente einbeziehen will. Mit Selbstständigen und Abgeordneten könne bereits in der nächsten Legislaturperiode (2021–2025) begonnen werden, während sie bei Beamten „den Übergang schrittweise organisieren" will. Zusätzlich fordert sie, dass Arbeitgeber die Sozialversicherungsbeiträge für Beschäftigte, die weniger als 15 Euro die Stunde verdienen, auf das Niveau von 15 Euro Stundenlohn aufstocken sollen.

Pandemiepolitik

Baerbock forderte während der COVID-19-Pandemie in Deutschland Verbesserungen für Kinder und Familien. So forderte sie zur Bewältigung der Coronakrise einen Anspruch auf Kinderbetreuung für Alleinerziehende, eine Notbetreuung an allen Schulen und Kitas und ein „Corona-Kindergeld".

Mitgliedschaften

Baerbock war 2016 Gründungsmitglied und anschließend Vorsitzende des Vereins Hand in Hand Potsdam e. V., in dem sich Menschen in der Geflüchteten Hilfe engagieren. Aktuell ist sie dort Beisitzerin. Sie ist außerdem Mitglied in der überparteilichen Europa-Union Deutschland. Seit 2020 ist Baerbock Mitglied der Community Young Global Leaders des Weltwirtschaftsforums.

Wikipedia® ist eine eingetragene Marke der Wikimedia Foundation Inc.

Quelle: Seite „Annalena Baerbock". In: Wikipedia – Die freie Enzyklopädie. Bearbeitungsstand: 3. August 2021, 15:09 UTC. URL: https://de.wikipedia.org/w/index.php?title=Annalena_Baerbock&oldid=214466485 (Abgerufen: 15. August 2021, 07:22 UTC)

10.2 Skandale und Skandälchen

Quellen dazu: siehe Cicero, NTV, Welt, FAZ, Taz, Tagespiegel, Lanz(ZDF),Süddeutsche Zeitung 1.6.2021-1.8.2021

Folgende Skandale und Skandälchen kamen seit Juni 2021 ans Tageslicht:

- *Sie ließ durch einen Mitarbeiter der Grünen, der eng mit ihr verflochten ist, in Wikipedia einen wunderschönen Lebenslauf eintragen.*

- *Sie verschönerte ihren Lebenslauf mit Tätigkeiten und Fähigkeiten, die sie nachweislich nicht durchgeführt bzw. erworben hatte. Sei es über ihr Studium, ihren beruflichen Werdegang oder ihre Fähigkeiten.*

- *Sie vergaß entgegen den Verhaltensregeln des Bundestags ihre Nebeneinkünfte anzumelden.*

- *Sie genehmigte sich selbst als Parteichefin eine Summe von 35.000€ für Weihnachtsgelder der Partei.*

- *Sie schrieb ein Buch voller Plagiate und als das rauskam beschuldigten die Grünen und sie selbst den Mitbewerb und die Presse, eine schmutzige Kampagne gegen sie führen zu wollen. Zudem behauptete sie, dass die meisten Autoren nichts anderes als Plagiatoren sind. Aufgrund des Echos musste sie zurückrudern und ihren Fehler einsehen. Sie besaß nicht mal das Unrechtsbewusstsein, dass man Autoren nicht ohne weiteres die Ideen stehlen kann um sie als eigene darzustellen.*

- *Sie redet immer in der Ich-Form. Festzuhalten ist, dass sie viele Politikfelder aufgegriffen hat, in denen der Bund gar keine oder wenig Kompetenzen hat, wie zum Beispiel Bildung oder Katastrophenschutz. In über 10 den Ländern sind im Übrigen die Grünen in der*

Regierung und es fragt sich, was ihre Partei zu der Bilanz in diesen Bereichen beigetragen hat.

- Annalena Baerbock kennt nicht einmal ihren eigenen Wahlkreis und versuchte sich dennoch stets in den Mittelpunkt zu stellen. Selbst in der Hochwasserkrise war sie vor Ort, obwohl sie dort keine einzige Funktion oder Amt hatte. Sie versuchte aus dem Leiden der Bevölkerung Kapital zu ziehen.

- Annalena Baerbock weigert sich bis heute eine Bilanz ihrer 8-jährigen Tätigkeit als Abgeordnete im Bundestag vorzulegen, trotz hunderten Aufforderungen. Sie vergisst dabei da sie während dieser Zeit ca. 1,2 Millionen € Steuergelder erhalten hat (10.012,89 Euro monatlich-Siel Aufwandentschädigung Verwaltung des Bundestages)) und einen Rechtsanspruch auf ca. 4.000 € (500€ pro Jahr Abgeordnetentätigkeit) Altersversorgung. Insoweit hat der Steuerzahler das Recht, nachzufragen für welche Leistungen er dies bezahlt.

Fazit:

Annalena Baerbock zeigt starke Indikatoren von einer selbstverliebten jungen Frau, die sich eine Aufgabe zutraut, die sie nicht erfüllen kann, für die sie keinerlei Erfahrungen hat. Zudem offenbaren sich erhebliche Zweifel an ihrer Persönlichkeit. Sie nimmt weder das wichtigste Gut eines Politikers, nämlich die Glaubwürdigkeit, ernst noch nimmt sie die Verfassung und die Aufteilung der Macht ernst. Mit der Ich-Form zeichnen sich Fragen über ihrer Persönlichkeit ab. Zudem zeigt sie ein mangelndes Unrechtsbewusstsein hinsichtlich des geistigen Eigentums (Sie hat selber gesagt das alle Schrifsteller begehen Plagiaten).

Zusammengefasst:

Annalena Baerbock ist die falsche Frau zu falscher Zeit, an der falschen Stelle

11. Baerbock gewählt - aber wie? Und warum?

Und plötzlich wurde Annalena Baerbock als Kanzlerkandidatin auserkoren. Erstaunlicherweise hat sie weder Berufserfahrungen außerhalb der Aktivitäten in der Partei noch Regierungserfahrungen vorzuweisen. Die Begründung von Baerbock warum sie ausgewählt wurde lautete: wenn zwei sich bewerben hat eine Frau grundsätzlich den Vortritt, so würde dies im Grundgesetz stehen.

1. die Begründung ist bewusst falsch, es steht in keinem einzigen Paragraphen des Grundgesetzes, dass Frauen vor Männern vorzuziehen sind.

2. welche Qualifikation hat sie damit sie als Kanzlerkandidatin auserkoren wird? Keine.

Es fragt sich daher wie sie es erreicht hat, von den meisten entsendeten Delegierten, die zu immerhin 90 % Frauen sind, bestätigt zu werden. Dies beruht auf den Anfängen der Grünen, in denen eine Quote für die Frauen vorgesehen wurde. Quoten sind jedoch kein Maßstab für Qualität. Jeder weiß, dass Robert Habeck in erheblichem Maß qualifizierter als Baerbock ist.

Der Glanz der selbst ernannten Kanzlerkandidatin fing an zu welken als man begann, genau ihren Werdegang und ihre Leistungen während ihrer achtjährigen Zugehörigkeit als Bundestagsabgeordnete zu hinterfragen. Letztendlich muss festgestellt werden, dass bei der grünen Partei einige wenige Feministinnen das Sagen haben. Insoweit sind Baerbock und ihre Wahl lediglich ein Produkt des Clubs der Feministinnen bei den Grünen. Kaum ein Mensch innerhalb der Partei noch außerhalb der Partei kann das Wahlergebnis nachvollziehen und insbesondere die Grünen verstoßen gegen ihre eigenen Grundsätze der Transparenz von Entscheidungen. Wenn sie das schon ihren Mitbewerbern vorwerfen, dann müssen sie auch die Kritik an ihrem eigenen Verhalten ertragen.

Die Wahl von Baerbock ist nicht transparent. Geräuschlos ist sie nur erfolgt, weil die Clique der Feministinnen dies durchgesetzt hat und

Baerbock mit den aktuellen Quotenregelungen Habeck ausgetrickst hat! Insoweit hat sich auch bei den Grünen die sogenannte Hinterzimmer Politik durchgesetzt, wenn es um die Interessen von einer Clique geht.

Im übrigen gibt es bei den Grünen noch sehr gute und fähige Kandidaten und Kandidatinnen, die jedoch niemals zur Macht gelangen werden. In übrigen sorgte Baerbock seit der Übernahme der Parteiführung dafür, dass bei den Wahllisten die 1. Stelle grundsätzlich von Frauen besetzt wurden, die ihr unbedingt untergebenen sind.

Dies zum Demokratieverständnis und zu der innerparteilichen Demokratie von Annalena Baerbock. Sie stellt in den Augen der kritischen Beobachter die schlechteste Auswahl dar, die je die Grünen getroffen haben.

12. Söder, die linke Presse, ARD, ZDF, die Feministinnen als Helfer eines „Zauberlehrlings"

Spiegel, ARD, Anne Will und die Feministinnen wollen unbedingt eine zweite „Alternativlose "auf den Thron hieven!

12.1 Vorbemerkung

Markus Söder hat direkt und indirekt durch den Machtkampf, den er mit Armin Laschet geführt hat, dazu beigetragen den Hype um Annalena Baerbock zu verstärken. Hinzu kommt die einseitige Berichterstattung sowie das Vergessen der Grundsätze eines Journalisten, d. h. Nachfragen und Kontrollieren, in erheblichem Maß sowohl in der linken Medienlandschaft in Deutschland als auch leider von den Öffentlich-Rechtlichen, die langsam durch eine Minderheit übernommen wurden. Diese folgen dem Genderwahn und bei den Feministinnen wurde stets Annalena Baerbock erheblich bevorzugt und die Berichterstattungen über sie deutlich waren deutlich positiv.

Hier die Ergebnisse einer Insa Umfrage für die Bild Zeitung im August 2021 über die Berichterstattung der öffentlich-rechtlichen Sender. Immerhin 31 %, d.h. fast 1/3 der Befragten halten diese für parteilich und viel schlimmer 45 % der Befragten halten lediglich die Berichte für ausgewogen. Insbesondere wurde die Berichterstattung als zu positiv bewertet und das immerhin bei 1/3 der Befragten. Dies spiegelt sich auch in den sogenannten politischen Talks der Anne Will oder des Markus Lanz oder Maybrit Illner wider, die sogar bei der Diskussion über Afghanistan die Annalena Baerbock als sachkundige Gesprächspartnerin eingeladen hat, die objektiv gesehen keinen Beitrag dazu leisten kann, dass sie in der Außenpolitik eine Novizin ist.

In folgenden Punkten wird konkret auf die einzelnen Hilfestellungen eingegangen, die ein Zauberlehrling erfahren hat.

12.2 Söder

Söder hat durch den Machtkampf um die Kanzlerkandidaten bei der Union durch sein Handeln und Reden eine Beschädigung von Armin Laschet erreicht, sodass Armin Laschet mit Sicherheit nicht der einstimmige Wunschkandidat der Union ist. Selbst dann als der Kampf offiziell beendet wurde und die Ernennung erfolgt war, versucht Markus Söder noch durch Sticheleien die Kompetenzen des Armin Laschet infrage zu stellen und demontiert dabei auch die Fähigkeit der CDU ihren Machtanspruch durchzusetzen. Dies hat einen unmittelbaren Effekt auf den durch die Medienlandschaft hervorgebrachten Hype zu Gunsten der Annalena Baerbock. Insoweit ist er damit mit verantwortlich für den Aufstieg von Baerbock.

12.3 Die linke Presse

Unter der linken Presse versteht man die taz, den Tagesspiegel, den Spiegel, den Stern, die Zeit, die Süddeutsche Zeitung. Unter anderem diese Presseorgane haben bei der Berichterstattung über Annalena Baerbock die Grundsätze der seriösen Presse vergessen. Hätten sie bezüglich der Vergangenheit der grünen Kanzlerkandidatin ein Minimum an Qualitätssicherung durchgeführt, so wären sehr schnell die Falschaussagen herausgekommen, sowohl im Lebenslauf, als auch die Plagiate und die Reaktion darauf, als auch das Fehlverhalten hinsichtlich der Nebeneinkünfte.

Dies hätte von vornherein geklärt werden können und der Hype um die Kandidatin wäre gar nicht zustande gekommen. Sie haben stattdessen sehr wohlwollend über ein frisches Gesicht in der Politik berichtet und dabei wohl die Sorgfalt in der Berichterstattung vergessen. Da die Kanzlerkandidatin den Anspruch hat, Kanzlerin der Bundesrepublik Deutschland zu werden, immerhin 4. bzw. 5. Wirtschaftsmacht der Welt, so muss man von der Presse eine sorgfältige Überprüfung der Aussagen und Werdegänge erwarten können.

Für den normalen Bürger war es ein Schock zu sehen, dass ein Nobody so weit kommen kann mit Hilfe von „Verschönerung des Lebenslaufs" (laut eigener Aussage) sowie Plagiaten und unkorrektem Verhalten gegenüber die Verwaltung des Bundestages", sodass die Bevölkerung sich betrogen fühlte. Immerhin war ja die Glaubwürdigkeit ihr einziger Trumpf, um einen erfolgreichen Wahlkampf durchführen zu können.

Festzuhalten ist, dass diese Frau schlicht einfach keine Regierungserfahrungen hat, und sei es nur in einer Landesregierung. Sie hat Fähigkeit und Ausbildung angegeben, die sich im Nachhinein als Luft erwiesen haben, und infolgedessen über 8 Wochen hinweg Diskussionen über die sozialen und moralischen Kompetenzen von Baerbock den Wählern zugemutet wurden.

Insoweit war dies ein Versagen der gesamten linken Presse und insbesondere der grünen Partei, die doch stets mit dem moralischen Zeigefinger auf andere Parteien bei deren Fehlverhalten zeigen würden. Sie haben nicht einmal nachgefragt und überprüft, wie und auf welcher Grundlage Baerbock gewählt worden ist. Vielmehr lobten sie die geräuschlose Wahl der grünen Kandidatin.

12.4 ARD und ZDF

Insbesondere die öffentlichen Medien ARD und ZDF haben in erheblichem Maße dazu beigetragen einen Hype um Annalena Baerbock zu produzieren. Nicht nur dass nur positiv verschönerte Berichte über sie verbreitet worden sind und dass sie eine Plattform erhielt auf der sie sich ohne Gegenfragen, ohne Kontrollfragen und ohne Überprüfungen produzieren konnte. Während sie häufig schwachsinnige und widersprüchliche Aussagen von sich gab und dabei sogar noch Applaus der Moderatoren bzw. vorteilhafte Kommentare erhielt, mussten parallel dazu die Kandidaten der Union, der Kandidat der SPD, und der Kandidat der FDP bzw. der Kandidat der Linken erheblich kritischere Fragen über sich ergehen lassen und wenn diese sich bei manchen Fragen sich nicht gerade positiv darstellen wurde dies besonders hervorgehoben.

Es fragt sich ob ARD und ZDF noch den Auftrag der Unparteilichkeit überhaupt wahrnehmen können. Es fragt sich ob nicht ein gründlicher Umbau des gesamten öffentlichen Fernsehens ARD und ZDF nach der Wahl vorgenommen werden muss und dabei gesamte Redaktionen von

Möchte-gern Journalisten oder Moderatoren entkernt werden, die sich als Politikgestalter ansehen. Die heutige Generation von Journalisten hat in erheblichem Maß vergessen, dass ihre Haupttätigkeit darin besteht, die Zuschauer zu informieren und nicht durch direkte oder indirekte Bewertungen zu manipulieren. Ein großer Teil der Zuschauer dieser beiden Medien fühlt sich durch die Medien manipuliert und vermisst eine objektive Berichterstattung und sie sehen die Berichterstattung als deren Hauptaufgabe und nicht die Bewertung oder Steuerung zu einer bestimmten Meinungsbildung.

12.5. Anne Will und die Feministinnen

Anne Will und viele Feministen versuchten schon längere Zeit in erheblichem Maß vor und hinter dem Bildschirm das Bild der Annalena Baerbock zu verschönern ohne den kritischen Mindestabstand zu bewahren. Tatsache ist, dass die Kandidatin durch einen Club der Feministinnen innerhalb der Grünen bestellt worden ist. Tatsache ist aber auch, dass auf allen Listen zur Bundestagswahl die vordersten Plätze von Frauen belegt worden sind und die Männer lediglich an hinterer Stelle stehen. Aufgrund der hirnsinnigen Quotenregelungen der Grünen sind die Männer in Führungspositionen und auf den Listen zu einer Minderheit geworden und somit verlieren die Grünen die Männer.

Damit ist aber auch vorprogrammiert, dass die reale Macht der Grünen in wenigen Händen von Feministinnen im negativen Sinn gehalten wird. Anne Will fördert nach Kräften die Machtposition von Lesben und sonstigen Gendergruppen, für die durchaus eine wichtige Rolle im Wahlprogramm der Grünen festgeschrieben ist. Hinzu kommt das Annalena Baerbock in den letzten Jahren ein erhebliches Netz in diese Richtung gesponnen hat. So darf sich nicht gewundert werden, dass sie bei der Aufstellung der Wahllisten im Saarland persönlich eingeschritten ist, um die Nominierung von Männern zu verhindern.

Insoweit hat die Manipulation durch die gendergeprägten Frauen in erheblichem Maße zur Wahl von Baerbock beigetragen. Die ARD stellt für Anne Will eine Plattform bereit, die sie eigentlich nicht verdient hätte, denn es gibt viele Moderatoren, die erheblich qualifizierter sind als sie, *auch wenn die ARD dies nicht zugeben will. Es ist daher Zeit, dass der Rest der Wähler dafür Sorge trägt, dass der nächste Bundestag einen raschen Umbau der öffentlichen Medien vorantreibt, denn ansonsten lösen sich immer mehr Zuschauer von ihnen ab und geraten gewollt oder ungewollt in Informationskanäle in den sozialen Netzen, die nicht kontrollierbar sind.*

12.6 Fazit

Hätten die Medien insgesamt ein Minimum an Sorgfalt angewendet, so wäre niemals ein Hype um Baerbock entstanden und die Grünen wären eine Minderheits Partei und nicht für eine gewisse Zeit eine gewisse Hoffnung für Minderheiten. Und die Hoffnungen bestanden zu Unrecht, denn die Unzulänglichkeit lag nicht nur bei den Grünen, sondern auch in der Person der Baerbock, die schlichteinfach von großen Teilen der Bevölkerung nicht mehr als vertrauenswürdig angesehen werden kann

.

13. Die Grünen Irrtümer

13.1 Vorbemerkung

Die Grünen haben sich in den letzten 8 Jahren unter Baerbock und Habeck ein Korsett angelegt, um die Macht zu gewinnen und den Glauben zu verbreiten, dass eine neue Ära beginnen wird, die angeblich eine gesamte Umwälzung Deutschlands zur Folge haben wird. Insoweit sieht sich Baerbock als Visionärin, was nach näherer Betrachtung schlicht einfach als Unsinn zu bewerten ist. Sie ist weder in der Lage eine saubere Analyse des Zustands Deutschlands zu machen, noch ist sie in der Lage, die wesentlichen Komponenten der Klimaänderungen zu definieren und zu analysieren.

Sie ist auch nicht in der Lage, so wie die gesamte grüne Partei, eine Änderung an den Machstrukturen der realen Verursacher der Klimaschäden herbeizuführen (Aldi, Lidl und Co, Massentourismus, Globalisierung). Die Grünen wollen glauben machen, dass sie in der Lage wären die alten Machstrukturen der Wirtschaft durch neue zu ersetzen, und letztendlich ist dies ihr Ziel.

Hinzu kommt, dass sie Minderheiten, die laut genug schreien, einen erheblichen Teil ihrer Konzepte widmen und dies kann ihnen das Genick brechen. Insoweit als die Wirkung auf die Bevölkerung nicht berücksichtigt wird. Zu glauben, dass sie zu der Elite gehören, ist ein Trugschluss, denn sie bilden lediglich eine kleine Minderheit der sogenannten Elite. Zudem haben sich die gesamten Eliten inklusive der Grünen durch das Anstreben eines Doppelstandards selbst disqualifiziert: Sie wollen die anderen Bevölkerungsgruppen und Parteien kritisieren, dulden jedoch keine Kritik an ihnen selbst.

Insoweit stellt sich die Frage, ob für diese Partei überhaupt und in dieser Verfassung der Anspruch zur Teilnahme an der Bundestagswahl noch gerechtfertigt ist. Sie ist nicht einmal in der Lage eine gemischte Liste zwischen Männern und Frauen im Saarland aufzustellen und wenn Baerbock und der Club der Feministen verhindern, dass auf alle Listen 1. Plätze auch an Männer gehen, so dürfen sie sich nicht wundern, wenn die Bevölkerung eine Gegenreaktion erfolgt und sie wieder eine 5-% Partei werden. Es kommt hinzu, dass strategische Lügen verbreitet werden, um das Volk einzulullen damit es einem Hype für eine angeblich bessere Welt folgt.

13.2 Strategische Irrtümer

Mit folgenden strategischen „Lügen, Irrtümer und Manipulationen" versuchen die Grünen ihre Ideologie zu untermauern. Folgende Gesichtspunkte stellen der Gesamtstrategie der Grünen infrage.:

- Die strategische Festlegung, dass der Mensch allein schuld ist an der Veränderung des Klimas und der Umwelt ist von Grund auf falsch. Denn schon vor Erscheinen der Menschen auf der Erde und vor Millionen Jahren gab es wechselhafte Klimaperioden. Und vor allem erhebliche Veränderungen in der Natur und auf der Erde. Diese Perioden sind in Millionen von Jahren aufgetreten. Der Mensch ist jedoch ca. 40.000 Jahre auf der Erde. Es ist daher zu überlegen, ob nicht der Mensch an den Veränderungen von Klima und Umwelt maximal mit 60 % beteiligt ist und im übrigen Grundveränderungen von 30-40 % stattfinden.

- Die Festlegung auf CO2-Emissionen als Verursacher mag zum großen Teil richtig sein, stellt jedoch nicht die alleinige Ursache für Klimaänderungen dar. Die CO2 Emissionen werden bei einem Teil der seriösen Wissenschaftler auch nicht als alleinige Ursache für die Erhitzung der Erde angesehen. Die Erde hat immer wieder Hitzeperioden bzw. Kälteperioden erlebt, zuletzt im 16. Jahrhundert.

- Die Steigerung des Meeresniveaus ist nicht allein durch CO2 und dadurch herbeigeführte Erhitzung der Luft und des Meereswassers bedingt, sondern auch zum Teil durch das Verhältnis der vulkanischen Aktivitäten, die kontinuierlich für eine Vermehrung von Erdboden sorgen, und den Erosionen. Zwischen der Zunahme von Erdboden und Erosionen bestand eine Zeitlang ein Gleichgewicht. Als Beispiel dient der Vulkan Stromboli in Italien, der täglich die Fläche einer Dreizimmerwohnung durch seine Vulkanaktivität produziert, dieser zusätzliche Boden durch die Erosion von Wasser aus Flüssen und durch das Meer aber wieder Teil durch abgebaut werden kann. Seit 10 Jahren ist jedoch zu bemerken, dass dieses Gleichgewicht gestört ist insoweit als mehr Erde produziert wird als mehr Erde erodiert wurde. Insoweit ist die Erhöhung des Wasserniveaus in den Meeren auch durch diese Verhältnisse mitbedingt.

- Dass der Mensch gegenüber den Meeren geschützt werden muss ist zumindest seit den Phöniziern, den Griechen und den Römern bekannt. Der Küstenschutz ist eine ständige Aufgabe der Menschen, die am Meer wohnen. Mit der Industrialisierung des weißen Mannes wurde jedoch vergessen, dass man diesen Schutz durchaus durch lebendige Tiere wie Muscheln und Austern erreichen kann. Heute laufen übrigens verschiedene Projekte, die diesen Ansatz eines eigenständigen lebendigen Küstenschutzes verfolgen.

- Die realen Verursacher eines großen Teils von Umwelt- und Klimaschäden werden jedoch von den Grünen bewusst ignoriert, denn es sind mächtige Wirtschaftszweige wie der Massentourismus. Der pauschale Massentourismus schädigt nicht nur gesunde Gegenden der Welt, sondern sorgt dafür, dass der Ressourcenverbrauch in von Tourismus abhängigen Gebieten niemals mit Einnahmen aus dem Tourismus gedeckt werden kann. Ein Pauschalurlaub für 2 Personen nach Mallorca für 2000 € kann niemals kostendeckend sein, denn allein das Heranschaffen von Trinkwasser während der Sommerzeit, die Abfischung der umgebenden Meere, die durchaus nicht kostendeckende Unterhaltung von Hotels übersteigen diese Summe um ein Vielfaches. Rechtfertigung findet dies darin, dass überlebenssichernde Liquidität vorhanden ist. Dieser Massentourismus, der sich in der ganzen Welt verbreitet, schädigt allein durch sein Auftreten bereits die Natur. Er sorgt dafür, dass erhebliche Teile der Natur versiegelt und bebaut werden und das alles für knapp 4 Monate pro Jahr an Aktivität. Der Tourismus ist jedoch so mächtig, dass kaum eine politische Partei antasten kann ohne erhebliche Nachteile zu erleiden.

Wenn jedoch eine Partei mit dem moralischen Zeigefinger auftritt und sich als Moralisten und als Elite sehen und diesen Punkt nicht *adressiert, so zeigt sich, dass um Macht zu erhalten die Grünen bereit sind, ihre eigene Mutter zu verkaufen*

- *Ein weiterer realer Verursacher der Umweltschäden besteht in der weltweiten Mobilität und der damit verbundenen zunehmenden Globalisierung neoliberaler Prägung. Auch an diese Ursachen wollen die Grünen nicht herangehen und haben keine Antwort dazu. Denn in den letzten 40 Jahren war der größte Teil der deutschen Industrie bereit, ihre eigene Seele zu verkaufen zum Lob der Globalisierung und der Stärkung Chinas (eine Diktatur). Dies müsste doch ein Anspruch für eine Umweltpartei sein, dafür Sorge zu tragen, dass in überschaubarer Zeit die Abhängigkeit Deutschlands und Europas von solchen Ländern in erheblichem Maß abnehmen wird. Das wird trotz Lippenbekenntnissen von Baerbock nicht erfolgen. Insoweit dient dieses Thema lediglich dazu, Sand in die Augen der Wähler zu streuen.*

- *Die Grünen unterlassen es bei ihren Umweltkonzept die Rolle der Wasserkrisen weltweit und auch in Deutschland anzusprechen und Sorge dafür zu tragen, dass durch Verhaltensänderungen ein reales Wassermanagement (Überschwemmungen und Dürren sind 2 Seiten der gleichen Medaille) durchgeführt werden kann. Was wiederum hohe Kosten und Einschränkungen bedeutet. Dies verschweigen die Grünen wohl wissend, dass die Probleme des Wassermanagements sie einholen werde. Hinzu kommt, dass in Deutschland und in Europa genug Kritiker auf diese Probleme hinweisen.*

- *Ein weiteres erhebliches Problem liegt darin, dass die Wirtschaftsform der sogenannten horizontalen Bewirtschaftung (heute werden Pläne gemacht, Ressourcen entnommen, produziert, konsumiert und entsorgt) zu einer Kreislaufbewirtschaftung umgeschichtet werden muss, um Nachhaltigkeit des gesamten Wirtschaftens herbeizuführen. Mit keinem einzigen Wort gehen die Grünen darauf ein.*

- *Die Grünen bringen ein weiteres erhebliches Problem mit sich, indem sie die Spaltung der Gesellschaft betreiben – in eine gute d. h. die wirksam die grüne Welt und die andere Welt der Bösen, die nicht die*

Vorgaben des Umweltschutzes befolgen. Dies ist nicht nur töricht, sondern auch dumm und allenfalls auf kurzfristige Zeit wirksam. Denn man gewinnt Wahlen nicht mit Minderheiten, sondern mit Mehrheiten. Zudem, wenn die Mehrheit eines Volkes nicht überzeugt ist von seiner Führung, so entstehen automatisch Widerstände die das gesamte Projekt zum Scheitern bringen würde.

- *Ein weiteres erhebliches Problem besteht dann, wenn die Grünen und Baerbock gezielt auf kleine Minderheiten in der Bevölkerung zugeht und dabei die Mehrheit und den Mehrheitswillen vergisst bzw. glaubt diese zu ändern. Wer glaubt, dass mit einigen dieser Gruppen, die immerhin nur wenige Promille der Bevölkerung darstellen, Wahlen zu gewinnen sind irrt sich.*

- *Die fehlerhafte Gewichtung von Problemen der Gesellschaft lässt sich am besten im Umgang mit der Gendersprache erkennen. Oder den Problemen der Gewalt gegen Frauen, die immerhin über 300 tote Frauen pro Jahr fordert oder anders gesagt fast jeden Tag die Ermordung einer Frau stattfindet. Oder auch bei der Zwangsverheiratung. Man muss sich fragen, ob die Grünen und Baerbock noch den richtigen Kompass haben.*

Diese oben genannten Punkte stellen lediglich eine Auswahl von Lügen und Unterlassungen dar, die die Grünen vornehmen um defacto die Wähler zu betrügen.

13.3 Schlagwörter und leere Hülsen

Bei den Grünen wird der Eindruck erweckt als wären ihre Kritik und Forderungen nachhaltig. Dabei ist festzuhalten, dass mehr Schlagwörter benutzt werden sowie Zahlen und Anforderung und Investitionen benannt werden ohne jedoch die angewandte Methodik darzustellen und ohne zu erklären, wie Zahlen und Forderungen überhaupt zustande kommen. Es wird sehr oft mit Schlagwörtern unter Umgehung jeglicher Inhalte versucht Fakten darzustellen, die eigentlich keine Fakten sind. Die Konzentration auf die Erwärmung der Erde bestimmen die Veröffentlichungen und andere Bereiche der Umwelt werden ausgeblendet –

seien es das Wassermanagement, der Katastrophenschutz, die Änderung der Wirtschaft zu einer Kreislaufwirtschaft oder die Auseinandersetzungen mit ökonomischen Machtzentren.

Dass sie sich selbst und ihre Ansichten hinterfragen kommt nicht zum Ausdruck sodass das Programm lediglich als leere Hülse erscheint. Hinzu kommt der Mangel an Realitätssinn, den die neue grüne Führung um Annalena Baerbock zeigt, was dazu führt, dass die Glaubwürdigkeit ihrer Aussagen inflationär abnimmt und dass man hinter den Schlagworten nur noch leeren Hülsen vermutet. Die Verteufelung von Technologie ist ein Merkmal der Grünen, das in erheblichem Maße eine Behinderung für die Gestaltung einer ökologischen Gesellschaft ist. Die unterschiedlichen Bausteine der Umwelt werden größtenteils ignoriert. Denn die Ursachen liegen nicht nur in der Erwärmung der Erde, sondern auch in Migration, Bevölkerungszunahme, Verdichtungen der Städte, Mobilität und Globalisierung sowie der Verschwendung von Ressourcen.

Diese Komplexität wird in den Programmen vernachlässigt bzw. nicht durchdacht. Was angesichts der Oberflächlichkeit von Annalena Baerbock nicht verwundert. Sie versucht sich als seriös und sachkompetent zu präsentieren und man erfährt sehr schnell, dass sie nur Halbwissen mit sich bringt und manchmal weniger als das. Dadurch sind Fehler sowohl in den Gedanken und in logischen Zusammenhängen sehr schnell festzustellen.

Denn das Wahlprogramm der Grünen fängt an mit der Behauptung, dass sie Visionen für die Entwicklung Deutschlands haben. Es stellt sich die Frage, welche Bilanz sie für Umsetzung ihrer Visionen in der Vergangenheit vorlegen können. Baerbock selbst war 8 Jahre im Bundestag: was hat sie bis heute gemacht? Was haben die Grünen in den letzten 10 Jahren gemacht? Nach wohlwollender Prüfung muss festgestellt werden, dass sie nichts aber auch nichts für die Umwelt gemacht haben.

13.4 Nicht durchdachte Konzepte

Die Konzepte, die die Grünen anbieten, sind nicht durchdacht und zeigen sehr schnell logische Brüche auf. Wenn die Grünen mehr Windenergie und mehr Sonnenenergie verlangen, so muss festgestellt werden, *dass selbst bei einer Nutzung von 2 % der Gesamtfläche Deutschlands durch die Windenergie dies nicht ausreicht. Zurzeit verbraucht Deutschland ca. 650.000.000.000 kWh oder 650 Terawatt pro Jahr. Wenn die Digitalisierung, die Elektromobilität, energieintensive technische Entwicklungen und der Umbau des Staates tatsächlich realisiert werden, so ist zu erwarten, dass der Verbrauch an Strom sich innerhalb der nächsten 15 Jahre verdreifacht bis versechsfacht d. h. 650 Terawatt mal 3 gleich 1.950 Terawatt. Dies kann unmöglich durch Wind- und Sonnenenergie allein erreicht werden. Also müsste dann Deutschland entweder Strom vom Ausland kaufen oder auf die Kernenergie zurückgreifen, die kein CO_2 emittiert. Das einzige Land in der Welt, in dem eine regelrechte Hysterie gegenüber der Kernenergie besteht, und damit auch gegen Zukunftstechnologien im Bereich Energiegewinnung, ist Deutschland, angetrieben vom Tabuthema der Grünen. So müssen die Grünen erklären, wie sie diese Zunahme des Strombedarfs überhaupt ermöglichen wollen.*

Zum Zweiten vergessen die Grünen, dass bei der Elektrifizierung Deutschlands für die benötigten Stromautobahnen ein erheblicher Bedarf an Kupfer entsteht, das letztendlich die Basis der Stromleitungen ist. Zurzeit ist weltweit jedoch das Angebot an Kupfer erheblich geringer als die Nachfrage, sodass der Preis für Kupfer noch weiter und in ungekannte Höhe steigen wird. Zudem wird es für die Bereitstellung der notwendigen Menge an Kupfer Jahre bedürfen. Insoweit ist die Umstellung Deutschlands auf diese Energien nicht in einer realistischen Zeit zu schaffen, um den Ausstieg aus Kohle und Verbrennungsmotoren überhaupt zu ermöglichen.

Hinzu kommt, dass die Produktion von Kupfer erheblicher Mengen an Trinkwasser erfordert, das bei den Kupfer-Export-Ländern kaum noch vorhanden ist. Zu erwähnen ist Chile. Insoweit ist das Konzept der Grünen für eine durchgängige Elektrifizierung mit erheblichen Zweifeln und Fragezeichen zu versehen und diese Komplexität zu erkennen kann man einem Wähler kaum zumuten.

Der Anteil am weltweiten CO_2 Ausstoß Deutschlands beträgt gerade 2 %. Der Ausstoß Chinas trägt 36 %, der Ausstoß der USA 24 %, der

Ausstoß von Russland 20 % und der Ausstoß von Brasilien immerhin 17 %. Nicht zu vergessen, dass der Gesamtausstoß Europas gerade 8 % ausmacht. Wenn ganz Deutschland und ganz Europa 0% CO2 ausstoßen würden, würde dies kaum dazu beitragen das Klima und die Umwelt nachhaltig zu verbessern. Die Einflussmöglichkeit Deutschland und Europas insbesondere auf China und Russland sind erheblich überschaubar und auch eine Kanzlerin Baerbock hätte kaum Chancen auf eine reale Einflussnahme. Denn Sie vergisst, dass Deutschland in erheblichem Maß von China abhängig ist und nicht umgekehrt. Diese Fehleinschätzung und Fehlanalyse berechtigt dazu, an der Seriosität des Wahlprogramms der Grüne und Baerbock erhebliche Zweifel zu haben.

Das gesamte Projekt für die Realisierung der Elektromobilität und flächendeckender Versorgung mit erneuerbarer Energie ist verbunden mit zahlreichen Maßnahmen, seien es neue Bauverordnungen, im Baurecht, im Flächennutzungsrecht, für die Bereitstellung und Nutzung von Ladestationen, neuen Verfahren für die Stromspeicherung und -verteilung und viele andere mehr. Dies kann weder eine Partei der Grünen erreichen noch eine Baerbock durchsetzen, denn es bedarf die Veränderung des Grundgesetzes in mehreren Punkten. Dies dürfte den Grünen und Baerbock nie schwerlich gelingen, denn sie ist und bleibt eine Randpartei mit maximal 16 %.

13.5 Transformation in eine Gesellschaft der Minderheiten

Die Grünen wollen eine Transformation der Gesellschaft insoweit als Minderheiten seien es Homosexuelle und Schwule oder Trans und Quer und sonstige Randgruppen als Normalität anzusehen wären. Und man versucht mittels Gehirnwäsche und pseudomoralischen Vorgaben dies bei der jungen und älteren Bevölkerung durchzusetzen. Dies wird nicht gelingen, denn ein großer Teil der Bevölkerung Deutschlands ist erheblich konservativ. Insoweit kann durch es zu einer Art von Widerstand, der sich bereits gebildet hat in Form der sogenannten Querdenker und rechtsnationalen und der AfD kommen, sodass die Spaltung der Gesellschaft vorprogrammiert ist.

Denn betrachtet man die Nichtwähler mit einem geschätzten Anteil von 22 % der Wähler (Nichtwähler sind auch Wähler!) sowie die 10-12 % AfD-Wähler und 5-6 % Querdenker, so sind es fast 40 % der Wähler, die das gesamte System an sich infrage stellen. Ein Teil der Schuld an dieser Ablehnung des Systems liegt unter anderem auch bei den Grünen und Baerbock. Diese Ablehnung des gesamten Systems kann auf Dauer keine Gesellschaft vertragen. Insoweit ist der Weg der Bevorzugung von Minderheiten auf Dauer ein gefährlicher Weg. Wer Minderheit der Mehrheit vorzieht läuft Gefahr einer erheblichen Infragestellung der Demokratie und damit auch des Rechtsstaats. Was im Übrigen schon sichtbar ist bei den Leuten, die sich nicht impfen lassen oder die die öffentlichen Medien zunehmend ablehnen. Dass die Grünen, die Linken und sogenannte progressive politische Gruppen erhebliche Probleme erhalten ist vorhersehbar und wird in den nächsten Jahren die Gesellschaft und Deutschland in erheblichem Maße beeinflussen.

Wenn gleichzeitig in einem Verteilungskampf diese Gruppen bevorzugt werden, sei es in den Medien oder in der Gesellschaft, so darf man sich nicht wundern, dass sich Parallelgesellschaften bilden werden. Hinzu kommt, dass die Radikalisierung und die Gewaltbereitschaft in diesen Gruppen ständig wachsen, was Auseinandersetzungen wie in den Dreißigerjahren durchaus wieder möglich erscheinen lässt. Es ist daher von höchster Wichtigkeit, dass die Grünen und die progressiven Gruppen sich den Weg zu den Mehrheiten erobern und nicht nur Minderheiten repräsentieren. Dies könnte auf Dauer die Existenz der Grünen gefährden.

13.6 Allianzen

Verschiedene Allianzen haben die Grünen unter Baerbock direkt oder indirekt geschlossen, sei es zu Minderheitsgruppen wie die Genderbefürworter, die Lesben und Homosexuellen, zu gewissen Schichten der Mittelklasse insbesondere Lehrer und dem Beamtentum, die kaum wirtschaftlichen Existenzsorgen haben. Zu einer gewissen Elite in der Kulturwelt sei es bei Schauspielern, einem kleinen Teil der Schriftsteller, Medienschaffenden und in der grünen Industrie, die unbedingt mittels der politischen Einflussnahme einen Machtwechsel sucht, um sich anstatt der traditionellen Industrie zu etablieren. Um diese Allianzen zu pflegen werden sehr oft Halbwahrheiten, teilweise sogar Lügen, teilweise Diffamierungen verbreitet und der moralische Zeigefinger gezeigt, obwohl die Grünen selber sehr viele Unzulänglichkeiten haben. Diese Allianzen führen dazu, dass sehr oft Halbwahrheiten in Kampagnen gegenüber dem Mitbewerb inszeniert wird. Dies trägt nicht zur Beruhigung der Gesellschaft bei und führt zu einer Vertiefung der Spaltung in „die oder wir". Insbesondere die Person von Annalena Baerbock trägt zu dieser Verhärtung der Fronten bei.

13.7 Was ist noch echt bei den Grünen? Doppelte Standards?

Gerade bei Annalena Baerbock stellt sich die Frage, was an dieser Frau noch echt ist. Oder was sie sich selbst angedichtet hat, so wie die Verfälschung ihres Werdegangs, und die jeden Tag von Juni bis Ende Juli mit kleinen Skandälchen hinsichtlich ihres Verhaltens auf sich aufmerksam gemacht hat, was einen erheblich schlechten Blick auf ihren Charakter wirft.

Es kommt eine Eigenheit der Grünen hinzu, die sich anmaßen, alle anderen Parteien und andere Menschen zu kritisieren und ihnen den richtigen Weg zu zeigen und dabei äußerst allergisch auf Kritik an ihnen selbst reagieren. Ein Beitrag auf dem Parteitag im Juni 2021 wirft ein ganz besonders befremdliches Bild auf das Selbstverständnis der Grünen, als eine den Grünen sehr nah stehende Schriftstellerin, die als Gastrednerin auftrat, eine Verbindung zog zwischen Antisemitismus und jeglicher Art von Kritik an den Grünen und ihren Eliten. Sie hat damit de facto der gesamten grünen Elite eine Opferrolle zugeordnet die ihr nicht zusteht.

Die Forderung war eindeutig und klar, dass die Grünen niemals kritisiert werden dürfen. Dies ist mehr als anmaßend. Die Schriftstellerin verkennt den Wert der Geschichte und den Wert des Holocaust. Damit dürfte diese Schriftstellerin sich selbst disqualifiziert haben, denn sie gehört auch zu dieser Elite und damit wird sie unantastbar nicht mehr kritisierbar. Sie vergisst damit, dass Demokratie auf der Freiheit des Denkens basiert und diese nicht festgeschrieben und delegiert werden kann. Hinzukommt, dass keiner Elite eine moralische Zuordnung und die moralische Bewertung einer Kritik zusteht. Diese Dame hat weder die Moral für sich gepachtet, noch haben die Grünen die Moral für sich gepachtet. Abgesehen davon, dass die Grünen bis heute nicht einmal ihr Verhältnis zu Pädophilie geklärt haben.

Es ist daher von Nöten, dass endlich die selbsternannten Pseudoeliten, die nur wegen ein oder zwei Büchern hochgelobt werden, wieder auf den Boden der Realität zurückgeholt werden müssen. Sie sind weder Propheten noch Götter. Sie sind Menschen und Menschen machen grundsätzlich Fehler. Das gilt für die politische Elite, das gilt für die Eliten in allen gesellschaftlichen Bereichen und das gilt besonders für die sogenannten geistigen Eliten.

13.8. Fazit

Die Verfehlungen der Grünen sind nicht mehr zu verdecken. Es gilt daher eine kritische Auseinandersetzung mit dem Inhalt der grünen Programme und ihrem Personal zu führen. Die Grünen stehen nicht über der Moral oder über dem Recht. Sie sind Menschen und ein Mensch ist fehlbar.

Die Grünen haben in den letzten Wochen sehr häufig bewiesen, dass Fehler über Fehler gemacht worden sind und sie der festen Überzeugung sind, dass Eliten nicht zu kritisieren sind. Dies ist grundsätzlich der größte Fehler und höchste Arroganz. Liberale Eliten hatten damals Hitler ermöglicht, dies darf nicht vergessen werden. Die gleiche Arroganz legen zurzeit die Grünen und ihr sogenanntes geistiges Umfeld an den Tag. Umso wichtiger ist, dass der Wähler die Grünen auf ihr richtiges Maß zurückbringen, nämlich nicht über die 5 %.

Es ist schade, dass eine gute Idee durch eine Partei und durch eine selbstverliebte Chefin, die zudem erhebliche Defizite in ihrer Person hat, diese Idee getötet wird.

14. Kein Hype - aber eine kritische Analyse!

Es ist äußerst erstaunlich, dass die Medien und zwar die seriösen Medien und Fernsehen keine kritische Analyse über die grünen Programme und über die Person von Annalena Baerbock vornehmen. Immerhin geht es um die Wahl zum Kanzleramt. Dabei spielen sowohl die Person, denn es gilt die Person zu wählen, als auch das Wahlprogramm im Mittelpunkt. Das Wahlprogramm der Grünen konnte man zum größten Teil erahnen, die Person von Annalena Baerbock ist jedoch ein unbeschriebenes Blatt, obwohl sie 8 Jahre Abgeordnete des Bundestags ist und es erscheint ihre Bilanz mehr als negativ. Es stellt sich die Frage, warum insbesondere die sogenannten linken Medien sich nicht die Mühe gemacht haben, eine kritische Analyse vorzunehmen. Dann wäre sicher kein Hyp um die Person von Anna Lena Baerbock und die Grünen gemacht worden.

Ziel dieses Buchs ist es nicht einen negativen Hype um die Grünen und um Annalena Baerbock anzufeuern, es dient vielmehr als Orientierungshilfe, die letztendlich auch die Ablehnung der Grünen zum Ergebnis haben kann. Annalena Baerbock hat erheblichen Kredit verspielt, denn sie hatte keine Erfahrung, sie hat noch nie ein politisches Amt bekleidet, sie hat dabei ihren Lebenslauf „verschönert", d. h. nichts anderes als verfälscht, sie hat gegen Regeln des Bundestags in erheblichem Maß verstoßen, und obwohl sie während dieser 8 Jahre fast 1,2 Millionen € an Diäten erhalten hat, hat sie sich selbst 35.000 € aus der grünen Parteilasse gebilligt. Hinzu kommen die Plagiatsvorwürfe und ihre Reaktion auf die Plagiate, in der sie unterstellt, dass alle Schriftsteller nichts anderes sind als Plagiatoren.

Festzuhalten ist aber auch, dass die grüne Partei sich angeblich der Umweltpolitik verschrieben hat. Wenn man dies genau analysiert erkennt man erhebliche Mängel in ihrer Umweltkonzeption. Allein die Fokussierung auf Windenergie und Solarenergie birgt erhebliche Risiken. Hinzu kommt, dass mit der Digitalisierung Deutschlands und der Elektromobilität eine Verdreifachung des Strombedarfs einhergeht und damit die Notwendigkeit von neuen Stromtrassen. In ihrer Gesamtrechnung wird aber noch nicht mal berücksichtigt, dass der Transport von Strom über Stromtrassen mit mindestens 15 % Stromverlust einhergeht. Auf die Idee, mit Wasserstoff oder synthetischen Brennstoffen zu experimentieren und diese massenhaft zu produzieren, sind die Grünen nicht gekommen. Warum sollte man z.B. Strom transportieren, wenn man gerade an der Küste Wasserstoff damit produzieren könnte und damit die Flexibilität und Projektdauer in erheblichem Maße beeinflussen würden.

Zu der Gesamtproblematik von Wirtschaft und Finanzen stellen Annalena Baerbock und die Grünen keine Konzepte vor, die Kritik überstehen würden. Hinsichtlich der Bereiche der Gesellschaft, der Frauen, der Forschung, der Außenpolitik zeigen sich in erheblichem Maße Wissensmängel und das ist eine gefährliche Tendenz.

Dies wäre zu verhindern gewesen, wenn eine kritische Analyse von Anfang an Annalena Baerbock daran gehindert hätte, ihre gesamte Kreditwürdigkeit durch Unglaubwürdigkeit sehr leichtsinnig aufs Spiel zu setzen. Angesichts der Entwicklungen und der Herausforderungen, die Deutschland in den nächsten Jahren zu bestehen hat, ist jedoch eine leichtsinnige Kanzlerin, die es nicht gerade mit der Wahrheit hält, ein unkalkulierbares Risiko.

15. Zehn Gründe die Grünen nicht zu wählen

15.1 Vorbemerkung

Die Grünen sind entstanden aus einem Teil der Friedensbewegung und der Anti-Kernkraft Bewegung. Zuerst waren sie eine lebendige Partei mit verschiedenen Meinungen und verschiedenen Strömungen, die sich letztendlich in zwei Hauptrichtungen geteilt hat, die sogenannten dogmatischen Grünen und die sogenannten Realos. Damit begann das eigentliche Drama der Grünen. Hinzu kommt eine sogenannte Quotenregelungen für die Frauen, nach der mindestens 50 % der Frauen in wichtige Positionen der Partei platziert werden sollen. Die Grünen haben unter Kanzler Schröder fast 7 Jahre lang die Bundesrepublik mitregiert. Hinzu kommt, dass sie über viele Jahre hinweg in NRW, dem größten Bundesland Deutschlands mitregiert haben und in verschiedenen Bundesländern an der Regierung beteiligt sind.

Es ist erstaunlich, dass vor ca. 8 Jahren mit Annalena Baerbock ein unbekanntes Gesicht die Macht an sich gerissen hat. Mit ihrem Co-Vorsitzenden Robert Habeck wurde aus der ursprünglich pluralistischen Partei der Grünen eine einheitliche Sauce zum Zweck, an die Macht zu gelangen. Während 8 Jahre lang das unbekannte Gesicht Baerbock ihre Karriere durch Intrigen Schritt für Schritt plante, verloren die Grünen ihr regelrechtes Alleinstellungsmerkmal, nämlich die Diversität der Meinungen. Die Grünen sind unter Baerbock und Habeck eine ganz gewöhnliche Partei geworden, die letztendlich nur die Macht erlangen will um alten Machtstrukturen zu ihren Gunsten zu verändern.

Sie maßt sich an die Umweltpartei zu sein. Wenn man jedoch an der Verpackung kratzt, zeigt sich, dass sie absolut aber auch gar keine Konzeption für den Umbau der Gesellschaft hin zu einer besseren Umwelt hat. Mit Schlagwörtern versuchen sie, Jungwähler und sonstige neue Wähler an sich zu binden. Besonders fällt dabei eine Doppelmoral auf, indem sie sich erlauben, die Mitbewerber hart zu kritisieren und jede Kritik von anderen Parteien oder kritischen Wählern als Kampagne gegen die Person zu brandmarken.

Insbesondere die undurchsichtige Benennung von Annalena Baerbock zur Kanzlerkandidatin lässt vermuten, dass sie und eine Clique von Feministinnen die Partei zu einer reinen Frauen Partei werden lassen. Wenn sie jedoch offen anstreben, eine reine Frauenpartei zu werden, hätten sie das klarer sagen müssen, damit jeder weder weiß woran er ist. Mit der verabschiedeten Frauenquote stellen sie das Prinzip der Leistungsfähigkeit und der Qualität erheblich infrage.

Insbesondere die Arroganz der liberalen links und linksdenkenden geistigen Väter der heutigen Grünen wie die Schriftstellerin Caroline Imke, die Kritik an den Grünen und an der Linken vergleicht mit Antisemitismus und die jegliche Kritik an Eliten in die gleiche Schublade hineinlegt, zeigt abermals das mangelnde Verständnis für Demokratie und den Diskurs. Dies ist eine Haltung, die die Grünen heute prägt.

Es ist daher eine Herzensangelegenheit des Autors darzustellen, warum die Grünen zurzeit nicht wählbar sind.

15.2 Grund Nummer 1

Die Grünen orientieren sich an den Interessen von Minderheiten wie Lesben, Homosexuellen, Trans, Bi, Quer sowie Ausländern, vergessen jedoch die Anliegen des kleinen Manns und die Mehrheit der Wähler. Allein die Durchsetzung der Gendersprache gegen eine überwältigende Mehrheit der Wähler zeigt die Nichtbeachtung der Mehrheit und die Arroganz einer Partei, die glaubt, dass sie alles besser können und alles wissen.

15.3 Grund Nummer 2

Die Arroganz der Grünen und ebenso der liberalen Linken, die glauben, dass sie allein das Gute vertreten und anders Denkende schlecht und sogar gefährlich sind, wird auf Dauer zu einer Spaltung der Gesellschaft führen. Wenn Kritik an den Grünen und den Linken mit Antisemitismus gleichsetzt wird stellt sich die Frage, ob die Grünen die Lektion der Geschichte gelernt haben. Es ist erstaunlich, dass alle vorderen Plätze auf den Wahllisten plötzlich von Frauen besetzt sind und nicht von

Männern. Mit einer Quotenregelung wird nicht die nötige Qualität für die Auswahl des Personals erreicht. Sie zeigt lediglich, dass unbedingt Frauen aus dogmatischen Gründen vorne stehen müssen, als ob die Frauen ex definitionem besser wären als die Männer. Dies stellt abermals eine Spaltung der Gesellschaft dar, in der das Böse und Schlechte nur den Männern zugeordnet werden soll.

15.4 Grund Nummer 3

Das Wahlprogramm der Grünen zeigt bei einer kritischen Überprüfung erhebliche Schwächen hinsichtlich ihrer sogenannten Kernkompetenz und zwar der Umwelt. Trinkwasserkrisen sind schon heute in Deutschland sichtbar - wenn man sie denn sehen will: Bauern aus dem Rhein-Main-Gebiet pumpen Bewässerungswasser aus dem Main, weil sie keine Wasserrechte zusätzlich erhalten; Dörfer im Harz müssen in heißen Sommern mit Wasserzisternen versorgt werden, weil das Grundwasser nicht ausreichend vorhanden ist; Bauern aus Rheinland-Pfalz müssen Wasser aus dem Rhein für die Bewässerung abpumpen; die Trockenheit und die dadurch vermehrten Brände der Wälder in Brandenburg stellen weitere Belege für den Mangel an Wasser dar. Hinzu kommt das Sterben der Wälder aus Mangel an Regen und Grundwasser.

Die Wasserproblematik und Wasserkrisen in Deutschland und weltweit haben bereits Mitte der siebziger Jahre begonnen und bis heute meiden es die Grünen, offen über diese Problematik und die damit verbundenen Gefahren zu reden.

Hinter dieser Gesamtproblematik steht auch das Problem der Bewirtschaftung und dem Wirtschaften traditioneller Art: zurzeit wird in Deutschland und zum großen Teil auch weltweit die sogenannte horizontale Bewirtschaftung betrieben: d. h. man entnimmt Ressourcen, man baut damit ein Produkt, man nutzt das Produkt und entsorgt es anschließend. Um die Ressourcen zu schonen sollte demgegenüber schon bei der Konzeption der Produkte das Prinzip der Kreislauf-Bewirtschaftung verfolgt werden, d. h. man entnimmt eine Ressource, die man so in Produkte einbaut, dass sie nach Beendigung der Nutzung wieder ganz zumindest zum Teil zur Umwelt zurückgeführt werden muss.

Die dafür erforderliche Veränderung des Verhaltens und der Produktionsprozesse wird in Deutschland nach Ermittlung von Psychologen, Sozialpsychologen, Ökonomen 2-3 Generationen dauern. In den Programmen der Grünen findet sich diese Thematik nicht mal in Ansatz.

Die größten Umweltsünder für die Ökobilanz, nämlich der Massentourismus und insbesondere der Pauschal-Massentourismus, sowie Discounter wie Lidl und Aldi und Co., die durch Preisdrückerei viele Landwirte zu Monokulturen zwingen. Der Ressourcenverbrauch in diesen Bereichen steht in keinem Verhältnis zur Wirtschaftlichkeit. Es ist erstaunlich, dass die Grünen über diese größten Umweltsünder kein einziges Wort verlieren.

Insoweit entpuppt sich ihr Anspruch, eine Umweltpartei zu sein als nichts anderes als eine Mogelpackung.

15.5 Grund Nummer 4

Die Grünen haben sich in der Vergangenheit wegen mangelnder Transparenz stets über die Hinterzimmer Politik der Angela Merkel beschwert. Nun haben sie selbst plötzlich eine unerfahrene Frau zur Kanzlerkandidatin ernannt, ohne jegliche Transparenz über die Auswahlkriterien und den Wahlprozess. Zudem ist es erstaunlich, dass 98 % der Delegierten für Annalena Baerbock gestimmt haben sollen. Diese Zustimmung erinnert an Wahlen in Belarus oder in Russland bzw. in der DDR. Wo bleibt die innerparteiliche Demokratie?

15.6 Grund Nummer 5

Die grünen Programme propagieren die Elektrifizierung und Digitalisierung Deutschlands, sei es über Windenergie oder Sonnenenergie. Dabei wird vergessen, dass für die Elektrifizierung und Erneuerung Deutschlands der heutige Bedarf an Strom von ca. 600 Terawatt (1 Terawatt=1.000.000.000 KWatt) in den nächsten 30 Jahren sich mindestens verdreifacht. Und hier stellt sich die Frage, ob die Windenergie und die Sonnenenergie dies überhaupt ermöglichen können, was mehr als zweifelhaft ist. Insoweit wird Deutschland auf den Kauf von

Atomstrom oder zur Inbetriebnahme von bereits abgeschalteten Atomkraftwerken angewiesen sein. Auch in diesem Bereich zeigt sich das mangelnde Wissen der Grünen.

Ein anderes Problem bei der Elektrifizierung kommt bei der grünen Partei überhaupt nicht vor: nämlich die Verfügbarkeit und die Kosten von Kupfer, das unerlässlich ist zur Herstellung von Stromleitungen. Der Bedarf an Kupfer steigt ja nicht nur in Deutschland so rasant, sondern in allen Ländern der Welt. Kupfer ist heute schon weltweit und wird für die nächsten Jahre noch mehr eine Mangelware sein, egal zu welchem Preis eingekauft wird. Dass zurzeit d. h. im August 2021 der Kupferpreis an der Börse Silber und Gold überholt hat, dürfte nicht wundern. Hinzu kommt, dass für den Abbau von Kupfer erhebliche Mengen von Trinkwasser benötigt werden und das Trinkwasser ist gerade in Chile als größter Kupferproduzent eine Mangelware. Insoweit ist eine Elektrifizierung Deutschlands nur mit erheblicher Verspätung überhaupt möglich und zu einem Preis, der jegliche Wirtschaftlichkeit übersteigt.

15.7 Grund Nummer 6

Das Elektroauto ist eine Sackgasse, denn allein der Bedarf an Stromleitungen und der Ausbau der vorhandenen Netze stellen ein NOGO dar. Wenn die geplante Anzahl von Elektroautos in Nutzung geht, besteht die sehr realistische Gefahr des Zusammenbruchs der gesamten Stromnetze in Deutschland. Hinzu kommt, dass die Lieferzeit von Ladesäulen – die ja nach Forderung der Grünen bald an jedem Wohnhaus bereitgestellt werden müssen - zurzeit mindestens 30-36 Monate beträgt. Dies ist eine weitere Hürde.

Ein weiterer Gesichtspunkt ist die Entsorgung von Batterien, die noch nicht geregelt ist und die zurzeit zulasten der Kraftfahrzeughalter geht. Es fragt sich daher warum sollen Bürger ein Elektroauto kaufen? Die Grünen haben vergessen zu erwähnen, dass die Produktion von Batterien als notwendiges Teil für die Produktion eines Elektroautos mit erheblichem Verbrauch an Trinkwasser verbunden ist. Es stellt sich die Frage, wo in Deutschland so viel Trinkwasser zur Verfügung steht, um *überhaupt eine Produktion von so vielen Batterien zu ermöglichen. Und ob das aus ökologischer Sicht überhaupt noch vertretbar ist.*

15.8 Grund Nummer 7

Die Grüne und Baerbock wollen langfristige Projekte mit jeweils 50 Milliarden Investitionen pro Jahr durchführen, wofür die Verschuldung ausgeweitet sowie Steuererhöhungen durchgesetzt werden sollen. Baerbock und die Grünen haben immer noch nicht verstanden, dass solche Ankündigungen das Verhalten von Investoren, von Wählern, von Bürgern und von Konsumenten beeinflussen (Grundlage der Verhaltensökonomie). D.h. mit Verboten und Vermögensteuern wollen sie ihr Programm durchsetzen ohne Berücksichtigung der Kosten für die Gesellschaft. Damit werden sie der nächsten Generation erhebliche zusätzliche Belastungen zumuten, die diese kaum bewältigen kann.

Es kommt hinzu, dass das Land sich gerade erst aus einer Wirtschaftskrise herausschleicht und jegliche zusätzlichen Belastungen verbunden sind mit Abwanderung bzw. Geschäftsaufgabe. Es war immer so dass die Grünen mit Ökonomie und Finanzen stets auf Kriegsfuß stehen und letztendlich kaum in der Lage sind, die kommenden Probleme zu lösen.

Die angekündigten 500 Milliarden Investitionen auf 10 Jahre bleiben unspezifisch, sie sind weder benannt noch strukturiert: Wie kam die Summe zustande? Nach welcher Methode wurde sie errechnet? Für welche Bereiche wurde eine Wirtschaftlichkeitsanalyse durchgeführt?

Und auch das Propagieren eines bedingungslosen Grundeinkommens ist aus Sicht aller Ökonomen zurzeit als irreale Darstellung anzusehen, die nicht lösbar ist. Der Ruf nach einem bedingungslosen Grundeinkommen wird seit 30 Jahren in der Ökonomie besprochen und abgelehnt. Insoweit beschreiben die Grünen ein uraltes Konzept ohne eine reale Lösung mit anzubieten.

15.9 Grund Nummer 8

Hinsichtlich Europas und seiner Außenpolitik muss festgestellt werden, dass die Grünen in ihrem Wahlprogramm so dilettantisch beschreiben was sie alles machen wollen, dass man schlicht einfach nur noch lachen kann. Zu glauben, dass Annalena Baerbock sich gegenüber der KP Chinas durchsetzen könne, ist ein Witz. Das gleiche gilt für Russland, das gleiche gilt für alle autokratischen Systeme, die leider zurzeit auf dem Vormarsch sind. Hinzu kommt das Ignorieren der Tatsache, dass zurzeit wieder mal ein Kampf der Systeme entstanden ist: liberale Demokratien versus autokratische Systeme. Und dass zurzeit leider die Zunahme von autokratischen Systemen weltweit zu verzeichnen ist und die liberalen und linksliberalen Demokratien sich im Niedergang befinden.

Umso wichtiger ist, dass für die Außenpolitik und Europapolitik ausgesprochen erfahrene Politiker an die Macht gelangen. Und nicht eine Berufsanfängerin, die im Übrigen 8 Jahre lang in Bundestag nichts gemacht hat und die dafür letztendlich vom Steuerzahler entlohnt wird mit ca. 1,2 Millionen € und zusätzlich dem Anspruch auf ca. 5000 € monatliche Rente ohne sichtbare Gegenleistung. Es stellt sich die Frage, ob die Grünen überhaupt fähig sind, Außenpolitik, Europapolitik, Afrikapolitik durchführen zu können, die an den Interessen Deutschlands ausgerichtet ist und dies stellt ihre Befähigung zur Teilnahme an der Regierung erhebliche infrage.

15.10 Grund Nummer 9

Hinsichtlich Bildung und Forschung ist dieses Wahlprogramm der Grünen mehr als dürftig. Sie vergessen mit ihrer Forderung nach mehr Kompetenzen für den Bund, dass Bildung Ländersache ist, in denen sie allerdings schon seit Jahren mitregieren und deren Bilanz in diesem Bereich als katastrophal anzusehen ist. Insoweit sind die Ankündigungen nichts anderes als der Versuch von Annalena Baerbock, den Wählern Sand in die Augen zu streuen. Tatsache ist, dass Bildung und Forschung keine Schwerpunkte der Grünen sind und für diese lediglich ein Randthema darstellen - obwohl gerade Bildung und Forschung eine

Überlebensfrage für die Zukunft Deutschland sind. Es ist daher von Nöten, dass ausgesprochen erfahrene politische Parteien diese Bereiche vertreten sollen, seien es im konservativen Lager, bei den Sozialdemokraten oder bei den Freidemokraten. Die Grünen sind nicht befähigt für diese Bereiche Regierungsverantwortung zu übernehmen.

15.11 Grund Nummer 10

Der Grund Nummer 10 ist der wichtigste Grund, warum die Grünen nicht gewählt werden sollen. Denn es betrifft die Person der Kanzlerkandidatin Annalena Baerbock. Wahlen werden bestimmt durch die Persönlichkeit der Kandidaten und das Wahlprogramm. Das Wahlprogramm der Grünen ist - zumindest in dem was sie nicht wollen - im großen Ganzen der Bevölkerung bekannt. Die Person Baerbock jedoch ist dem Wähler nicht bekannt. Sie wurde durch interessierte Medien des linken Spektrums zu einem Hype stilisiert und dabei wurden die Grundsätze des Journalismus missachtet.

Annalena Baerbock hat die Fundamente eines Politikers/ einer Politikerin mit Füßen getreten: denn Glaubwürdigkeit ist dessen oder deren einzige Münze, um für zukünftige Programme zu werben.

Zuerst: Annalena Baerbock hat keinerlei politische Erfahrung, obwohl sie seit 8 Jahren Bundestagsabgeordnete ist. Allein dies stellt eine Frage über ihre Fähigkeiten.

Sie hat bewusst ihren Lebenslauf nach ihrer eigenen Aussage nicht nur verschönert, aber auch verbessert und mit Fähigkeiten, Tätigkeiten und Ausbildung, die sie nicht hat, „verschönert". Sie hat dies als angebliche Versehen proklamiert. Aber so einfach ist das nicht, denn dies stellt in der Arbeitswelt den Vorwurf des Betrugs dar. Jeder Mitarbeiter, der seinen Lebenslauf verfälscht, wird in der Wirtschaft automatisch entlassen, ohne Möglichkeit sich zu rechtfertigen oder zu korrigieren. Insoweit ist Baerbock in den Augen vieler Leute nichts mehr Glaubeürdigt

Es kommt hinzu, dass sie trotz einer monatlichen Diät des Bundestages von heute 10.012,89 € sich selbst als Grünen- Chefin ein Weihnachtsgeld in der Höhe von 35.000 € genehmigt hat. Hinzu kommt, dass sie mit der versäumten Meldung ihrer Nebeneinkünfte auch gegen die Grundsätze des Bundestages (laut Aussage der Verwaltung des Bundestages) verstoßen hat. Auch dies wurde ihrerseits als Versehen dargestellt. Und zuletzt kommt hinzu, dass in ihrem Buch mehrere Plagiate (Nach Aussage der Plagiaten Sucher und der Taz, NTV, ZDF, des Spiegels, der Süddeutschen) Stück für Stück entdeckt worden sind und dass sie zur Verteidigung alle Schriftsteller als Plagiatoren tituliert hat. Zudem hat die grüne Partei dies alles als böse Kampagne gegen die so geliebte Annalena Baerbock gebrandmarkt.

In diesem Zusammenhang passt wiederum die Schriftstellerin Caroline Emcke, die jegliche Kritik an den sogenannten Eliten mit dem Antisemitismus verglichen hat, was eine Ungeheuerlichkeit ist. (Quelle Cicero)

Es kommt hinzu, dass Baerbock fast jeden zweiten Tag überrascht mit einem Nachweis ihrer Unkenntnis. Nicht einmal ihren Wahlkreis kennt sie. Festzuhalten ist, dass Baerbock keinerlei Berufs- und Regierungserfahrung hat.,

Fakt ist, dass diese Frau nichts anderes ist eine selbstverliebte Person, die sich Aufgaben zutraut, für die sie nicht befähigt ist.

Mit anderen Worten: die falsche Frau an der falschen Stelle zum falschen Zeitpunkt.

16. Epilog

In diesem Buch wurde dargestellt, dass aus der ursprünglich lebendigen grünen Partei durch den Führungswechsel zu Annalena Baerbock und Robert Habeck letztendlich die Grünen in ihrer Diversität zerschlagen worden sind und ihre Seele für das Erlangen von Macht verkauft haben. Den Anspruch, den moralischen Zeigefinger zu heben, haben sie dadurch verloren, insoweit sie weder in ihrer angeblichen Kernkompetenz der Umwelt die realen Probleme erkannt und genannt bzw. sie verschwiegen haben.

Die angestrebten Lösungen zu der Elektrifizierung sowie der Digitalisierung Deutschlands stehen auf erheblich wackligen Fundamenten. Es kommt hinzu, dass sie mit der Arroganz der liberalen Elite glauben unangreifbar zu sein und vor allem automatisch auf der guten Seite zu stehen. Jegliche Kritik daran lassen sie vergleichen mit Antisemitismus und dass die Andersdenkenden nicht nur böse sind, sondern auch gefährlich sein können. Diese Spaltung der Gesellschaft ist gefährlich und nachhaltig. Insoweit bleibt die grüne Partei lediglich eine Milieu-Partei, das sie im Übrigen pflegt. Denn sie widmet sehr viel ihrer Kraft den Minderheiten, seien es Minderheiten der sexuellen Orientierung oder sonstige Minderheiten und vergisst dabei die Probleme und Anliegen der Mehrheit.

Mit der Ernennung von Annalena Baerbock haben die Grünen eine rote Linie erreicht, denn es wurde eine unerfahrene selbstverliebte Dame gewählt, die sich nicht scheut, ihren Lebenslauf zu verschönern und damit in den Augen vieler Leute zu betrügen. Oder mit anderen Worten: die falsche Frau an der falschen Stelle zum falschen Zeitpunkt.

Allein diese Gründe lassen aus Sicht des Autors keine andere Wahl als die Grünen nicht zu wählen.

17. Literaturverzeichnis

- *Emissionshandel neu denken. In: Michael Angrick, Christoph Kühleis, Jürgen Landgrebe, Jan Weiß (Hrsg.): 12 Jahre Europäischer Emissionshandel in Deutschland. Metropolis-Verlag, Marburg 2018, ISBN 978-3-7316-1287-2, S. 191–202*
- *Jetzt. Wie wir unser Land erneuern. In Zusammenarbeit mit Michael Ebmeyer. Ullstein Buchverlage, Berlin 2021, ISBN 978-3-550-20190-5.*
- *Falko Korth, Reinhold Beckmann: Baerbock und Habeck – Kurs aufs Kanzleramt?, Dokumentation, Ausstrahlung im NDR Fernsehen, 23. November 2020*
- *Weblinks*
- *Commons: Annalena Baerbock – Sammlung von Bildern, Videos und Audiodateien*
- *Website von Annalena Baerbock*
- *Biographie beim Deutschen Bundestag*
- *Annalena Baerbock auf abgeordnetenwatch.de*
- *Jochen Wegner, Christoph Amend: Annalena Baerbock, wie grün ist Deutschland wirklich? In: Alles gesagt? Zeit Online, 17. Mai 2021.*
- *Curriculum Vitae – Annalena Baerbock. (PDF) Abgerufen am 6. Juni 2021.*
- *Die Grünen. Das Bundesprogramm. (PDF; 496 kB) Grundsatzprogramm von 1980die Grünen.*
- *Politische Grundsätze Bündnis 90/Die Grünen (PDF; 215 kB) „Grundkonsens" von 1993die Grünen.*
- *Die Zukunft ist grün. (PDF; 604 kB), herausgegeben von Bündnis 90/Die Grünen, Berlin 2002 Grundsatzprogramm 2002die Grünen.*
- *Zukunft wird aus Mut gemacht. (PDF), herausgegeben von Bündnis 90/Die Grünen, Berlin 2017 Bundestagswahlprogramm 2017die Grünen*
- *Zeiten ändern sich. Wir ändern sie mit. (PDF; 30,0 MB) Bündnis 90/Die Grünen, 19. Dezember 2019 (Chronik Bündnis 90/Die Grünen: 1979 – 2019).*
- *Sekundärliteratur: Über keine andere deutsche Partei wurde so viel publiziert wie über die erfolgreichste Parteigründung seit 1950. Neben der umfangreichen politikwissenschaftlichen Literatur findet sich eine Reihe subjektiv geprägter Analysen und Kritiken der Partei von Protagonisten der Flügelkämpfe der 1980er- und frühen 1990er-Jahre sowie der rotgrünen Regierungsjahre.*
- *Udo Baron: Kalter Krieg und heißer Frieden. Der Einfluss der SED und ihrer westdeutschen Verbündeten auf die Partei „Die Grünen" (= Diktatur und Widerstand. Bd. 3). Lit, Münster u. a. 2003, ISBN 3-8258-6108-2.*
- *Manfred Güllner: Die Grünen. Höhenflug oder Absturz? Verlag Herder, Freiburg im Breisgau 2012, ISBN 3-451-30674-3.*
- *Dierk Hoffmann: Wirtschaftsliberalismus bei den Grünen? Von der Kapitalismuskritik der Gründungsphase bis zur Agenda 2010. In: Heuss-Forum 3/2016.*
- *Jürgen Hoffmann: Die doppelte Vereinigung. Vorgeschichte, Verlauf und Auswirkungen des Zusammenschlusses von Grünen und Bündnis 90. Leske und Budrich, Opladen 1998, ISBN 3-8100-2132-6.*
- *Markus Klein, Jürgen W. Falter: Der lange Weg der Grünen. Eine Partei zwischen Protest und Regierung. C.H.Beck, München 2003, ISBN 978-3-406-49417-8.*
- *Hubert Kleinert: Aufstieg und Fall der Grünen – Analyse einer alternativen Partei. Dietz, Bonn 1992, ISBN 3-8012-0180-5 (zugleich: Universität Hamburg, Dissertation, 1992 unter*

dem Titel: *Krisen und Erfolgsbedingungen der Politik der Partei Die Grünen unter besonderer Berücksichtigung der Bundestagswahl 1990).*

- Silke Mende: *„Nicht rechts, nicht links, sondern vorn". Eine Geschichte der Gründungsgrünen.* Oldenbourg, München 2011, ISBN 978-3-486-59811-7.
- Makoto Nishida: *Strömungen in den Grünen (1980–2003). Eine Analyse über informell-organisierte Gruppen innerhalb der Grünen.* Lit-Verlag, Münster 2005, ISBN 3-8258-9174-7.
- Lothar Probst: *Bündnis 90/Die Grünen (Grüne).* In: Frank Decker, Viola Neu (Hrsg.): *Handbuch der deutschen Parteien.* VS Verlag für Sozialwissenschaften, Wiesbaden 2007, ISBN 978-3-531-15189-2, S. 173–188.
- Joachim Raschke, Gudrun Heinrich: *Die Grünen. Wie sie wurden, was sie sind.* Bund, Köln 1993, ISBN 3-7663-2474-8.
- Joachim Raschke: *Die Zukunft der Grünen. So kann man nicht regieren.* Campus, Frankfurt am Main 2001, ISBN 3-593-36705-X.
- Ludger Volmer: *Die Grünen.* C. Bertelsmann, München 2009, ISBN 978-3-570-10040-0.
- Franz Walter: *Gelb oder Grün? Kleine Parteiengeschichte der besserverdienenden Mitte in Deutschland.* transcript Verlag, Bielefeld 2010, ISBN 978-3-8376-1505-0, S. 71–127.
- Bernd Stiegemann: *13. Juni 2021: eine Lehrstunde in doppelten Standard:* Cicero
- Friedrich Schmidt-Bleek: *Grünen Lügen:* ISBN: 978-3-453-28057-1
- Kathrin Hartmann: *die Grünen Lüge:* ISBN: 978-3-89667-609-2
- Frank schäzing: *was, wenn wir einfach die Welt retten?* ISBN 978-3-462-00201-0
- Friedrich Schmidt-Bleek: *die 10 Gebote der Ökologie:* ISBN: 978-3-453-28086-1
- Olivier Steiner: *Plastiken meer:* ISBN 978-172-8867-922
- Heike Schröder: *Plastiken Blut:* ISBN: 978-3-86731-200-4
- Kathrin Hartmann: *Grüner wirds nicht:* ISBN 978-3-89667-661-0
- Fritz Vahrenholt und Sebastian Lüning: *unerwünschte Wahrheiten,* ISBN :978-3-7844-3553-4
- Heike Vesper: *wenn wir die Meere retten retten wir die Welt:* ISBN 978-3-499-00435-3
- Sven Pflöger und Rolf Schlenker: *wo unsere Wette entsteht* ISBN: 978-3-7630-2873-3
- Rainer Zitelmann: *wohin treibt unsere Republik,* ISBN 978-3-752-691-962
- Sven Pflöger: *zieht euch warm an es wird heiß:* ISBN 978-3-86489-268-8
- Harald Lesch und Klaus Kamphausen: *denk mit* ISBN 978-3-328-60221-7
- Klaus-Dieter Sedlacek: *Treibhauseffekt und Klimawandel:*ISBN: 978-3-7504-13207
- Luisa Neubauer und Bernhard Ulrich: *noch haben wir die Wahl:* ISBN 978-3-608-11716-5
- Ernst Peter Ruewald: *das Klima Paradigma* ISBN 9 78-3-347-11 900-0
- Fritz Vahrenholt und Sebastian Lüning: *unanfechtbar?* ISBN 9 78-3-7844-3618-0
- Rainer Klingholz: *zu viel für diese Welt* ISBN 978-3-89684-286-2
- Esther Constalla: *das zozialen Buch über die Bedrohung der Meere* ISBN 978-3-96006-012-3

Zeitfracht Medien GmbH
Ferdinand-Jühlke-Straße 7
99095 Erfurt, Deutschland
produktsicherheit@kolibri360.de